T0265706

LOS
DOCE
SOLES

Natalia Porro

LOS DOCE SOLES

UNA MIRADA A TU VIDA
A TRAVÉS DE TU SIGNO

KEPLER

Argentina – Chile – Colombia – España
Estados Unidos – México – Perú – Uruguay

1.ª edición Marzo 2023

Copyright © 2021 by Natalia Porro
All Rights Reserved
© 2023 by Ediciones Urano, S.A.U.
Plaza de los Reyes Magos, 8, piso 1.º C y D – 28007 Madrid
www.edicionesurano.com

ISBN: 978-84-16344-81-9

Depósito legal: B-1.138-2023

Impreso por: LIBERDÚPLEX
Ctra. BV 2249 km 7,4 – Polígono Industrial Torrentofondo
08791 Sant Llorenç d'Hortons (Barcelona)

Impreso en España – *Printed in Spain*

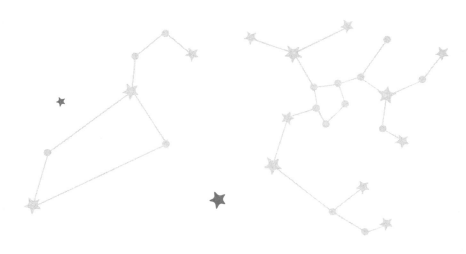

A MIS TRES AMORES:

Gastón (SAGITARIO),

Gonzalo (LEO) Y *Lorenzo* (LIBRA),

POR HACERME FELIZ DÍA A DÍA

Y PERMITIRME DESCUBRIR

LO QUE ES EL AMOR INCONDICIONAL.

♈ ♉ ♊ ♋ ♌ ♍

♎ ♏ ♐ ♑ ♒ ♓

Introducción

La astrología estudia el vínculo que existe entre las personas y el cielo. Como dijo Hermes Trismegisto en la Ley de Correspondencia del Kybalión: «Como es arriba, es abajo. Como es abajo, es arriba». En otras palabras, el cielo y la tierra están conectados.

Etimológicamente hablando, la palabra «astrología» deriva de las palabras griegas *aster*, que significa «estrella», y de *logos*, que significa «palabra».

Para comprender los conceptos fundamentales de la astrología, es importante entender el significado de tres elementos básicos: planetas, signos y casas.

Es habitual que la mayoría de las personas conozcan su signo solar y algunas frases populares asociadas a ese signo. Por ejemplo, se dice que los geminianos tienen doble personalidad, que los taurinos son tercos, que los cancerianos son hogareños, que los escorpianos son celosos y así sucesivamente, pero esto tiene muy poco que ver con todo lo que la carta astral puede expresar de una persona.

¿PARA QUÉ SIRVE LA ASTROLOGÍA?

Tras muchos años estudiando astrología y trabajando en este campo, considero que, a través de sus herramientas, la astrología pone a tu disposición las claves que te permitirán ser consciente de las oportunidades que la vida te brinda en cada momento y circunstancia.

No es lo único que ofrece; la astrología es también una fuente inagotable de autoconocimiento. La carta astral es un reencuentro con tu propio destino, donde se muestran las oportunidades que se van abriendo paso en tu camino.

En este contexto, el astrólogo funciona como un guía que muestra a la persona que se acerca a la consulta todas las posibilidades que tiene a su alcance, para que pueda conseguir lo que desea o ver aquello que le cuesta más esfuerzo, ya sea por sus creencias o por sus propias conductas limitantes.

¿QUÉ ES UNA CARTA ASTRAL?

Es una imagen que representa el mapa del cielo en el momento del nacimiento de una persona, de una sociedad o de cualquier otro acontecimiento (por ejemplo, la fundación de un club o de un colegio; la apertura de un local; el estreno de un espectáculo, o la formación de un equipo deportivo, entre otros). Es como una foto de un momento puntual.

Para hacer una carta astral es preciso contar con los siguientes datos: hora, día, mes, año y lugar de nacimiento.

En la carta astral veremos un círculo zodiacal dividido en doce casas, cada una de las cuales representa un área de la vida, como el trabajo, la profesión, las relaciones, la pareja, el hogar, la espiritualidad y otros aspectos que constituyen la cotidianeidad de las personas.

Allí también se podrá observar que cada planeta estará ubicado dentro de una casa y se expresará a través de un signo en la carta astral.

A través de este estudio minucioso se orienta a la persona sobre sus principales características en los diferentes aspectos de su vida: la personalidad, sus capacidades, los recursos propios, las motivaciones, la comunicación, los viajes, el área afectiva (vínculos en general, ya sea con pareja, hijos, familiares, etc.), el área profesional; la posibilidad de asociaciones, la orientación espiritual, los estudios, las amistades y el sexo.

LOS SIGNOS DEL ZODÍACO

Los signos solares indican el tipo de conducta, así como las fortalezas y debilidades de cada persona. Los doce signos del zodíaco representan doce personalidades. Cada uno de ellos tiene asociado un símbolo que lo representa y pueden ser animales, objetos o seres humanos.

Veamos uno por uno.

Aries

Tauro

Géminis

Cáncer

Leo

Virgo

Libra

Escorpio

Sagitario

Capricornio

Acuario

Piscis

- ARIES: carnero.

- TAURO: toro.

- GÉMINIS: gemelos.

- CÁNCER: cangrejo.

- LEO: león.

- VIRGO: virgen.

- LIBRA: balanza.

- ESCORPIO: escorpión.

- SAGITARIO: centauro.

- CAPRICORNIO: cabra.

- ACUARIO: aguador.

- PISCIS: peces.

Los signos del zodíaco también están asociados con un elemento (tierra, aire, fuego y agua) y con una modalidad (cardinal, fija y cambiante).

ELEMENTOS

Según su naturaleza, cada signo es asociado con un elemento.

- SIGNOS DE FUEGO: Aries, Leo y Sagitario.

- SIGNOS DE TIERRA: Tauro, Virgo y Capricornio.

- SIGNOS DE AIRE: Géminis, Libra y Acuario.

- SIGNOS DE AGUA: Cáncer, Escorpio y Piscis.

Los **signos de fuego** representan la pasión, la energía, el entusiasmo y la inspiración.

Los **signos de tierra** representan la practicidad, la estabilidad, el materialismo y el realismo.

Los **signos de aire** representan el lenguaje, el intelecto, la comunicación y las relaciones sociales.

Los **signos de agua** representan la emoción, los sentimientos, el misticismo y la intuición.

MODALIDAD

Así como se los asocia a un elemento determinado, cada signo tiene también una modalidad asignada.

- SIGNOS CARDINALES: Aries, Cáncer, Libra y Capricornio.

- SIGNOS FIJOS: Tauro, Leo, Escorpio y Acuario.

- SIGNOS MUTABLES: Géminis, Virgo, Sagitario y Piscis.

Los **signos cardinales** son enérgicos, dinámicos y proactivos.

Los **signos fijos** son perseverantes y estables.

Los **signos mutables** son flexibles, cambiantes y sugestionables.

EL ASCENDENTE

El ascendente es el signo de la constelación que se asoma en el horizonte en el instante preciso de tu nacimiento. Es una cúspide sumamente relevante dentro del mapa astral, ya que representa la apariencia física.

Este punto marca el inicio de la primera casa. Es el comienzo de una carta astral y es un factor clave en su interpretación, así como también lo son el signo solar y el lunar.

Representa cómo te ven los demás, es tu imagen externa, el aspecto físico, la forma del cuerpo, es decir, la propia apariencia. Pero también te da información sobre cómo es tu personalidad, los temas que te serán relevantes, cómo te relacionas con los demás, cuáles son tus sombras, tus posibilidades en el amor, así como tus intereses y motivaciones.

El ascendente se calcula a partir de tus datos natales específicos, no solamente con la fecha de nacimiento, sino también conociendo el horario exacto y la latitud y longitud geográfica natal.

SIGNIFICADO DE LOS PLANETAS

Dentro de la carta astral, cada persona tiene un **Sol**, así como una **Luna**, un signo ascendente y ocho planetas adicionales, en función de su fecha, hora y lugar de nacimiento.

Mercurio, **Venus** y **Marte** son los planetas personales que caracterizan la personalidad de cada signo, es decir, representan la forma de comunicación y el potencial de la persona, todo lo que tiene para dar en este ámbito.

Los planetas más distantes afectan la forma en la que interactuamos con el mundo, pero de una manera más general, sobre todo los planetas sociales, como **Júpiter** y **Saturno;** y luego, están los planetas transpersonales, también llamados exteriores, o espirituales, como **Urano**, **Neptuno** y **Plutón**.

Los planetas pueden transitar de manera directa o de forma retrógrada. La retrogradación de un planeta es un movimiento aparente de retroceso o de transición de un signo en dirección opuesta a cómo lo venía haciendo. Debemos tener en cuenta que los planetas no retroceden; es una ilusión óptica, no una realidad.

Cuando los planetas están transitando un signo de manera retrógrada, su efecto también puede revertirse y dirigir su energía hacia el interior de la persona. De ahí que digamos que alguien está «metido para adentro», más introspectivo.

Para que te familiarices con sus distintas energías, te dejo algunas definiciones, palabras clave por planeta y una serie de preguntas para que te hagas.

◆SOL: rige nuestra personalidad, el ego, y la conciencia. Representa el yo profundo; es el eje de nuestra identidad, la autoimagen. El resto de los planetas giran en torno al Sol. ¿Te animas a ser tú mismo?

◆ LUNA: representa las emociones, nuestros estados de ánimo. La Luna también marca cómo nos vinculamos con nuestros seres queridos. ¿Qué sientes? ¿De qué manera procesas tus emociones?

◆MERCURIO: rige la mente, la comunicación, el intelecto, el pensamiento. ¿Qué tipo de mentalidad tienes? ¿Te gusta aprender? ¿Cómo te comunicas?

◆VENUS: rige cómo nos vinculamos en el amor, cómo buscamos la armonía a través del amor, de los vínculos y de las artes. ¿Qué tipo de personas te atraen? ¿Qué te gusta físicamente del otro?

◆ MARTE: es el planeta que nos da confianza y energía, que nos otorga la capacidad de decisión, la autoestima y representa también el esfuerzo físico. ¿Concretas tus proyectos? ¿En qué actividades gastas tu energía? ¿Eres agresivo? ¿Sientes que te atacan y no sabes por qué?

◆ JÚPITER: representa la sociabilidad, la religión, la filosofía, los viajes, la expansión, las posibilidades, la abundancia. ¿Cómo puedes alcanzar tus objetivos? ¿De qué manera liberas todo tu potencial?

◆SATURNO: simboliza las limitaciones, la practicidad, el sentido del deber de la persona, y representa la responsabilidad. También se asocia a la madurez y a la autocrítica.

◆ URANO: se asocia con la individualidad, la originalidad, la independencia, los cambios, el futuro y la intuición.

◆NEPTUNO: está relacionado con la sanación, la espiritualidad, el idealismo, la compasión. También simboliza la empatía y el amor universal.

◆ PLUTÓN: transformación, poder. Representa la transformación de lo viejo en lo nuevo, simboliza el renacer, y nos lleva a preguntarnos: ¿queremos cambiar nuestro ser?, ¿somos capaces de hacerlo?

SIGNIFICADO DE LAS CASAS

Al igual que los doce signos, también hay doce casas que dividen el cielo. Sin embargo, la alineación de las casas está determinada por la posición del horizonte en el momento de tu nacimiento. Esto significa que, para calcular las casas, deberás saber la fecha en que naciste, pero también la hora y el lugar donde se produjo, para conocer la latitud y la longitud de esa ubicación.

Las doce casas representan doce ámbitos o áreas de la vida (como la educación, el dinero, los vínculos) donde se aplica la energía de los signos y de los planetas.

◆CASA I: representa el yo. La apariencia física y los rasgos de la personalidad. Primeras impresiones. Perspectiva general del mundo. Ego. Comienzos e iniciativas.

◆ CASA II: representa los recursos, tanto materiales como personales. Cosas materiales e inmateriales de cierto valor. Dinero, pertenencias, propiedades, adquisiciones. Cultivo y crecimiento. Sustancia. Autoestima.

◆ CASA III: aprendizaje y comunicación. Educación y entorno infantil. Tipo de inteligencia. Hermanos. Viajes cortos y nacionales y medios de transporte.

◆ CASA IV: el hogar. Ascendencia, patrimonio, raíces. Madre o cuidadoras como figura. Fin de las cosas.

◆ CASA V: recreación, romance y creatividad. Actividades recreativas y de ocio. Cosas que se hacen para el disfrute y el entretenimiento. Juegos y apuestas. Hijos. Amor y sexo. Autoexpresión creativa.

◆ CASA VI: representa el ambiente de trabajo, los deberes y la salud. Tareas y deberes de rutina. Habilidades o entrenamiento adquirido. Empleos. Salud y bienestar general. Servicio realizado para otros. Mascotas y pequeños animales domésticos.

◆ CASA VII: relaciones, asociaciones y matrimonio. Relaciones cercanas, como confidentes, amigos del alma. Matrimonio y socios comerciales. Acuerdos y tratados. Asuntos relacionados con relaciones diplomáticas de todo tipo, incluidos enemigos declarados (es decir, personas que conocemos). Atracción a las cualidades que admiramos del otro compañero.

◆ CASA VIII: satisfacer necesidades, secretos de vida y recursos conjuntos. Ciclos de muertes y renacimientos. Relaciones sexuales y relaciones profundamente comprometidas de todo tipo. Fondos conjuntos, finanzas. El recurso de otra persona. Asuntos ocultos, psíquicos y tabús. Regeneración. Autotransformación.

• CASA IX: viajes, educación superior y filosofía de vida. Viajes al extranjero y países extranjeros. Cultura. Religión. Derecho y ética. Conocimiento. Experiencia a través de la expansión.

• CASA X: la carrera, el prestigio y la reputación. Ambiciones y motivaciones. Estatus en la sociedad. Gobierno. Autoridad. Padre o figura paterna. Aspecto público.

• CASA XI: amistades, asociaciones, ideales y causas. Amigos y conocidos de actitudes afines. Grupos, clubes y sociedades. Asociaciones superiores. Beneficios y fortunas de la carrera. Esperanzas y deseos.

• CASA XII: el subconsciente, los problemas psicológicos y los secretos. Misticismo. Lugares de reclusión, como hospitales, prisiones e instituciones o internados, incluidos los encarcelamientos autoimpuestos. Cosas que no son evidentes para uno mismo, pero que los demás ven claramente.

Aries

DEL 21 DE MARZO AL 20 DE ABRIL

«Algunas personas quieren que algo ocurra, otras sueñan con qué pasará, otras hacen que suceda».

MICHAEL JORDAN

A SERTIVOS

R EACTIVOS

I MPULSIVOS

E NTUSIASTAS

S INCEROS

ARIES

- **Símbolo:** carnero.

- **Elemento:** fuego.

- **Modalidad:** cardinal.

- **Planeta regente:** Marte.

- **Metal:** hierro.

- **Color:** rojo.

- **Lema:** yo soy.

- **Características principales:** son personas de una gran vitalidad, amantes de la acción y con mucha energía. Sinceros y emprendedores.

- **Palabras clave:** impulsividad, agresividad, frontalidad, discusiones.

- **Intereses:** les gusta mirar y/o participar en deportes competitivos como carreras de caballos, fútbol y tenis, o realizar aventuras más arriesgadas, como descenso en kayak, volar en parapente o hacer paseos en globo.

- **Amor:** tienen una compatibilidad alta con Leo, Libra y Sagitario. Compatibilidad media con Aries, Géminis y Acuario. Compatibilidad baja con Tauro, Escorpio y Capricornio.

- **Desafíos:** no reconocen los puntos medios; son extremistas. Ven todo blanco o negro, no aceptan los grises.

- **Son hábiles para:** iniciar proyectos en general (tanto laborales como personales) y también para las discusiones, para las «peleas» verbales.

- **Ocupaciones:** oftalmólogo, jefe de producción, director de marketing, empresario, herrero.

- **Vínculo con el dinero:** gastan su dinero tan rápido como lo ganan.

- **Partes del cuerpo:** cabeza, cráneo, cara y oídos.

- **Regalos:** una suscripción al gimnasio, un coche de juguete de coleccionismo, artículos deportivos, productos de belleza para el rostro.

n la mitología griega, Ares era el ejemplo de la violencia sin freno y la intimidación sin control. Representa al dios de la guerra, ya que es un guerrero fuerte, corpulento y resistente. Era hijo de Zeus y de su hermana, Hera.

Ares tuvo dos hijos (Fobos y Deimos) con la diosa Afrodita, frutos de una relación adúltera, ya que ella estaba casada con Hefesto. Ares nunca se casó, pero tuvo más hijos con otras parejas; de todos ellos, Rómulo y Remo fueron los más conocidos a nivel popular.

Hefesto descubrió la infidelidad de Afrodita y tendió a los amantes una trampa con una red mágica. Logró atraparlos en pleno acto sexual y los exhibió ante los dioses.

RASGOS DE PERSONALIDAD

Aries es el primer signo del zodíaco. Pertenece al elemento fuego (que otorga pasión), y a la modalidad cardinal (de donde surge su espíritu emprendedor). El planeta regente es Marte, que es el dios de la guerra, según la mitología romana.

Este signo está representado por un carnero, que simboliza el empuje y la iniciativa que hay en los arianos. Son líderes y emprendedores. En este sentido, son los primeros en empezar distintos proyectos, pero entonces aparece un obstáculo: les cuesta mucho llevarlos a cabo.

Por su naturaleza competitiva necesitan ser el número uno en todo lo que emprendan, ya que su lema en la vida es: «Yo primero». De todos modos, si se caen y se sienten derrotados, se levantarán, ya que cuentan con herramientas para afrontar sus problemas. Son resilientes.

Los nativos de este signo se expresan con claridad y dicen lo que tienen que decir, sin tener en consideración cómo reaccionará el otro. Son pasionales, por lo que primero actúan o hablan y después piensan. Siempre toman riesgos, sin comprobar si hay agua en la piscina antes de zambullirse.

Suelen ser egoístas. Esto tiene que ver con que son infantiles y piensan en sus necesidades, antes que en las de los demás. De todos modos, su ingenuidad y optimismo habituales les servirán para disimular su egoísmo y ser respetados e, incluso, admirados.

Son curiosos, les gusta probar cosas nuevas, descubrir el mundo, y no suelen ser temerosos, sino más bien imprudentes.

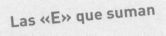

Las «E» que suman

- Esfuerzo
- Energía
- Entusiasmo
- Empoderamiento

Las «I» que restan

- Imprudencia
- Intranquilidad
- Impaciencia
- Impulsividad

DESEOS

Gracias al empujón que les brinda Marte, su planeta regente, son personas de acción. Para un ariano, lo ideal es tener siempre un nuevo desafío por delante; eso es lo que desean, lo que les beneficia, y es un factor clave para que se sientan a gusto en la vida. La explicación está en que se aburren rápido, por eso eligen vivir en un clima de desafío constante, lo cual los mantiene vitales y alertas. Así es cómo persiguen una meta tras otra. También desean tener libertad para explorar, ya que su naturaleza inquieta no les da tregua.

Otro deseo presente en ellos es ser los primeros en hacer algo nuevo. En realidad, quieren ser los primeros en todo, porque nacieron bajo el primer signo del zodíaco, así de sencillo. Y los altera perder, no lo toleran.

AYUDA DE LA PNL*

Para un ariano, la motivación es lo primero. El secreto está en decirse a sí mismos que pueden conseguir una determinada cosa, alcanzar una meta determinada, es decir, que podrán lograr el objetivo que se propongan. Al manifestarlo en voz alta, están abriendo la senda que les proporcionará el recurso necesario para conseguirlo y animarse a ir por más.

MANEJO DE CONFLICTOS

Debajo de la superficie fuerte e independiente que tienen, también puede habitar la inseguridad. Esto surge a partir de la gran presión que se autoimponen para alcanzar el éxito.

Ante una situación problemática, no usarán la diplomacia, sino que intentarán dominar la situación y superar los obstáculos por medio de la fuerza.

Su respuesta es intensa y directa, con el fin de resolver el conflicto con rapidez. El impulso, en este caso, es la mejor arma

---

* N. de la A.: La Programación Neurolingüística (PNL) es un modelo de comunicación que explica el comportamiento humano. Se trata de un conjunto de métodos y técnicas destinadas a ser aplicadas en la vida cotidiana, para que la persona consiga los objetivos que desea en diferentes campos de la actividad humana y mejore su calidad de vida. Fuente: Asociación Española de Programación Neurolingüística.

con la que cuentan. El estilo ariano para resolver problemas es afrontarlos de forma directa, sin rodeos.

ODIOS

Los arianos detestan pasar inadvertidos y ser ignorados. El primer puesto es su lugar por naturaleza, y siempre se valen de alguna hazaña física o mental para alcanzarlo.

Otra cosa que odian son las cosas viejas, como objetos estropeados o gastados. Para ellos, todo debe estar en un estado impecable. No hay lugar en su vida para conservar trastos viejos e inútiles.

Pero, por encima de todas las cosas, lo que más los irrita es esperar. Son capaces de irse de una cita si la persona se retrasa cinco minutos. No lo toleran.

Lección que aprender

No siempre hay que correr hacia una meta. No siempre hay que ser productivos y pensar en lo que debemos hacer día a día. También hay que saber disfrutar del trayecto... En este sentido, tu lección debería pasar por **aprender a disfrutar**, algo que no estás acostumbrado a hacer, ya que saltas de actividad en actividad sin apreciar tus logros. Nunca es tarde para incorporar conductas que te beneficien.

FANTASÍAS SEXUALES

La mujer de Aries lleva una vida sexual muy activa. En este sentido, será transparente y abierta sobre sus deseos y fantasías, no los guardará solo para ella, ya que encuentra absurdo ocultarlos. Su apetito sexual es inagotable y necesita lo mismo de su pareja.

Al hombre de Aries le cuesta mucho aceptar una negativa cuando desea fervientemente cumplir sus sueños eróticos. Si estás con un ariano, ten en cuenta que va a pedir mucho sexo y también querrá innovar; no se conformará con lo que ya conoce, va a querer más y también que sea novedoso. Su seducción puede ser precipitada e intensa y, en ocasiones, incluso egoísta. Se expresa de forma directa y sin rodeos para llevar a la cama a la persona que tiene en su punto de mira. Es impulsivo en el terreno sexual y en una relación suele mostrar caprichos infantiles.

En general, tanto hombres como mujeres de este signo son incansables en la intimidad, de esos amantes que quieren seguir y seguir, hasta que el cuerpo diga basta. No es casual que sientan el deseo de tener encuentros íntimos en un gimnasio. Son guerreros dentro y fuera de la cama, y poseen una energía sexual intensa que necesita ser canalizada de manera inmediata.

Son espontáneos y se aburren con facilidad. Sus deseos son abrumadores, pero no siempre consistentes. Al ser ansiosos e impulsivos, suelen tener romances breves que no van más allá.

La mayor fantasía de los arianos es jugar. Por lo tanto, todo lo que ocurra en el marco de un juego de rol (policía y ladrón, jefe y secretaria, profesor y estudiante, entre otros) será un terreno fértil para aumentar su apetito sexual. Una variante: encontrarse en el lugar favorito de ambos y actuar como si no se conocieran, jugar a seducirse y luego... a disfrutarse.

Las zonas erógenas son la cara y la cabeza. Les encanta que les acaricien la frente, así como también que jueguen con su pelo.

Son sexualmente compatibles con Sagitario, Acuario y Aries.

COMPATIBILIDADES EN EL AMOR Y EN LA PAREJA

Alta

• **Aries – Leo:** ambos son intensos y apasionados, y tienen una rivalidad amistosa y saludable entre ellos. Con admiración y respeto mutuos, podrán llevar adelante un buen vínculo y solucionar cualquier problema que pudiera surgir en lo cotidiano.

• **Aries – Libra:** son signos opuestos, pero eso no implica que sean incompatibles. Aries es impulsivo, fácilmente excitable y le gusta discutir. Por su parte, Libra es indeciso e inseguro, y prefiere el pensamiento a la acción.

Es una relación que va a requerir trabajo y compromiso de ambas partes para que pueda prosperar.

• **Aries – Sagitario:** aquí tenemos a dos signos sumamente compatibles, que construyen día a día una relación dinámica y respetuosa de los intereses del otro. Además, a los dos les encanta hacer actividades deportivas y paseos, y podrán pasarlo muy bien juntos. Un vínculo saludable y beneficioso.

Media

• **Aries – Aries:** relación muy dinámica. Los arianos son generosos y de buen corazón, y esto facilita el compromiso entre ellos. Al ser testarudos, cada uno de ellos va a querer que las cosas se hagan a su manera, lo cual creará roces en la pareja. Es importante que aprendan a trabajar juntos y a cooperar, en lugar de competir. La parte negativa es que ambos tienen personalidades fuertes y les gusta discutir. Tienen a favor la gran atracción sexual que sienten. Deberían trabajar sus diferencias para poder formar una relación estable.

• **Aries – Géminis:** los une una gran compatibilidad física e intelectual. Juntos poseen una energía ilimitada, lo cual los ayuda a alcanzar metas conjuntamente. Disfrutan de largos e intensos debates. Los deseos de dominar por parte de Aries y los cambios frecuentes de humor de Géminis son rasgos que podrían separarlos. Si aceptan estas peculiaridades el uno del otro, podrán establecer un buen vínculo.

• **Aries – Acuario:** es una combinación que aumenta la creatividad en común, y esto permite que no se aburran. Pueden ser grandes amigos y aliados. Son idealistas y tienen en común su ilimitada curiosidad ante la vida. Acuario no está tan enfocado en el aspecto laboral y económico, y esta característica podría incomodar a Aries. Es una unión compleja.

Baja

• **Aries – Tauro:** es una relación equilibrada. Mientras que Tauro aporta amor y devoción, Aries provee energía y vitalidad, lográndose así encuentros agradables entre ellos. Aunque tienen personalidades muy diferentes, su habilidad de aprender el uno del otro, hace que esta relación sea beneficiosa e íntima.

• **Aries – Escorpio:** los dos quieren ser líderes. La diferencia es que Aries es extrovertido y muestra sus sentimientos, mientras que Escorpio se recluye en su interior. Los celos del escorpión, así como sus grandes exigencias de cariño y atención, no suelen ser bien recibidos por Aries. Es una unión que difícilmente tendrá éxito.

• **Aries – Capricornio:** aunque en general tienen metas comunes, no logran ponerse de acuerdo en las formas de alcanzarlas. Capricornio es muy modesto y Aries es llamativo. Es un vínculo desafiante.

Neutra

• **Aries – Cáncer:** es una relación un tanto complicada. Con su impulsividad y sus actos apresurados e instintivos, Aries puede agobiar al sensible Cáncer. Tienen que aprender a escucharse, a entenderse y a valorarse el uno al otro.

• **Aries – Virgo:** estos dos signos no tienen muchas cosas en común. Aries puede ser atrevido, dominante y agresivo. Por el contrario, Virgo se obsesiona con el detalle, le gusta el silencio y se aleja de las situaciones incómodas. Es una relación que requiere tiempo y mucha paciencia para desarrollarse.

• **Aries – Piscis:** a simple vista hay muchas diferencias superficiales entre los dos. Sin embargo, se cuidan mucho entre sí, lo cual demuestra un profundo interés por el otro. El deseo de libertad de Piscis podría molestar a Aries. Más allá de esto, es una unión que podría funcionar bien.

FAMILIA

• Padre de Aries

El padre ariano es considerado como el más impaciente del zodíaco. Suele ser dominante y regañón. Sin embargo, sus hijos siempre están primero; en este sentido, hay que destacar que es un proveedor muy generoso. A veces, de manera inconsciente, puede provocar miedo para sentir que es más respetado. Es poco demostrativo e inflexible, tanto en sus decisiones como en sus puntos de vista.

• Madre de Aries

La madre ariana está llena de energía en todo momento y lugar, y eso la convierte en la líder natural del hogar. Pero tanta energía también puede jugar en su contra; por su naturaleza ardiente e impulsiva, va a tener que esforzarse para no perder la paciencia cuando sus hijos se porten mal. De todos modos, es capaz de realizar los sacrificios más grandes por su familia.

• Niños de Aries

Los pequeños arianos son amantes de la acción y de las actividades en todo momento y lugar. Son ruidosos y no saben pasar desapercibidos. Es lógico: tienen mucha energía; no hay que olvidarse de que este signo es del elemento fuego y está representado por un carnero.

Consejo para los padres: mostradles que también pueden disfrutar y pasar un buen rato al jugar con otros pequeños. Por ejemplo, no les sale de forma natural compartir sus juguetes con sus compañeros, así que deberán aprender a hacerlo. No suelen responder bien a los límites, y son bastante difíciles de disciplinar, pero necesitan ser contenidos de algún modo. Son niños con mucha energía y fortaleza física, y exigen estímulos de manera constante. Son aventureros y líderes.

• Adolescentes de Aries

La adolescencia es el período ideal para que la persona de este signo aprenda a conocer y respetar el lado ardiente y enérgico que, por naturaleza, ya trae consigo. Si logra controlar sus impulsos, podrá sin duda materializar sus objetivos, gracias a su determinación y entusiasmo. Si, por el contrario, atraviesa esta etapa en su veta más agresiva, podría equivocarse con facilidad y entrar en conflicto consigo mismo. Durante este período, si la familia lo apoya con comprensión, el ariano crecerá con seguridad interior y mostrará su lado más positivo.

Un ariano en la familia

energía, actividad continua, estimulación.

impaciencia, rigidez.

AMIGOS DE ARIES

La amistad es una relación que abarca la reciprocidad, la cooperación, el respeto y, en especial, el afecto entre dos o más personas. Como dijo el escritor y editor geminiano Elbert Green Hubbard: «Un amigo es uno que lo sabe todo de ti y a pesar de ello te quiere».

Con frecuencia, los arianos tienen dificultad para formar amistades profundas, ya que son demasiado exigentes. Sin embargo, saben echar una mano a quien lo necesite, siempre y cuando sea de su confianza.

Si por algún motivo un amigo los hiere, se alejan de inmediato. En una situación así, el ariano tiene la habilidad de influir en el entorno, ponerlo de su lado y así conseguir todo su apoyo.

Su energía y entusiasmo son contagiosos a la hora de organizar planes y programas en grupo. Sin embargo, muchas veces los arianos encuentran algo más interesante o divertido que hacer y cancelan sus planes originales. Deben tener cuidado porque esta conducta no es la apropiada si quieren mantener la amistad.

MASCOTAS DE ARIES

Si buscas un animal doméstico para hacerlo competir en algún concurso y que gane, tienes que escoger a una mascota de Aries. Es sencillo: necesitan ser los primeros, ganar a toda costa. Son competitivos y están todo el día en movimiento, en la búsqueda de nuevos tesoros y desafíos por descubrir. Se trata de animales que no tienen miedo a nada, no se esconden, así como tampoco suelen ocultar sus «tesoros». Buscan protección, son cariñosos y poseen una gran energía.

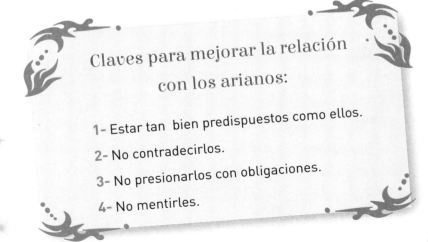

Claves para mejorar la relación con los arianos:

1- Estar tan bien predispuestos como ellos.

2- No contradecirlos.

3- No presionarlos con obligaciones.

4- No mentirles.

JEFES DE ARIES

Los nativos de Aries son líderes de nacimiento. Son jefes con peticiones explícitas y claras para sus empleados. Son muy exigentes y piden compromiso y un buen ritmo de trabajo a su equipo. Respetan la individualidad propia y la ajena. Son criaturas de costumbres, por lo que sus modelos son fácilmente reconocibles.

Conocen a sus empleados y, de esta forma, logran sacar el mayor potencial de ellos. Valoran la lealtad. Sus principales fortalezas son el dinamismo y la motivación. A la hora de vincularse con los demás, suelen hacerlo mediante la confrontación, lo cual puede ocasionarles más de un problema.

LOS *SÍ* Y LOS *NO* EN UNA ENTREVISTA LABORAL

Los arianos suelen ser seguros de sí mismos (o al menos saben actuar como si lo fueran), y también son carismáticos, así que en general no sienten nerviosismo antes de un evento de esta índole. Sin embargo, el punto débil de los arianos es la arrogancia, característica que a nadie le gusta ver en un posible empleado, por lo que en una entrevista laboral no deberían presumir de sus fortalezas.

Suelen responder rápido y de manera optimista y entusiasta, pero es importante que se tomen el tiempo para pensar bien cada una de sus respuestas. Si desean ganar la batalla, es importante que se muestren abiertos a escuchar al otro. Por ser un signo de naturaleza competitiva, se desenvuelven de manera notable en las entrevistas en grupo.

muestra tu interés por los nuevos desafíos.

 te centres en las limitaciones de los otros candidatos.

DINERO Y FINANZAS

En palabras del gran filósofo alemán Arthur Schopenhauer, «La riqueza es como el agua salada: cuanto más se bebe, más sed da».

Vamos a concretar: a Aries le apasiona despilfarrar, el dinero se le escurre como agua entre los dedos; no le resulta fácil limitar los gastos, siempre quiere comprar y gastar más.

Vive el día a día sin pensar en las obligaciones financieras de la próxima semana, solo se conecta con la emoción del poder de compra en «el aquí y ahora».

Sin embargo, si pudiera frenar un poco sus impulsos y aprender a invertir sabiamente, no habría límite para la cantidad de dinero que podría ahorrar.

Hay que tener presente que los inversores de Aries no pierden el tiempo reflexionando sobre detalles insignificantes que pueden redundar o no en su beneficio.

Las inversiones más apropiadas para los arianos son en empresas productoras de metales o incluso las acciones de empresas del sector energético. Además, les gusta coleccionar objetos caros y singulares, como los coches antiguos.

TÁCTICAS DE NEGOCIACIÓN

En general, tienen una gran necesidad de controlar a los demás, así que es importante que sean conscientes de esa conducta impulsiva y no dejen que los domine, más aún en una negociación de cualquier índole. También es aconsejable que aprendan a evitar las presunciones, para no ponerse a la defensiva.

No hay que asumir lo peor cuando en realidad no se sabe interpretar algo, hay que describir lo que pasó y permitir a la otra persona que explique su punto de vista. Estas explicaciones e intercambios evitarán los malos entendidos y los prejuicios, y permitirán aclarar por qué alguien hizo algo, o por lo menos, le darán la oportunidad de transmitir su perspectiva.

AUTOESTIMA

El gasto constante de energía de los arianos oculta un sentimiento de inseguridad que tiene sus raíces en la falta de autoestima. Con cada nuevo logro aumenta un poco el amor por sí mismos. El problema surge porque el ariano no se conforma e, inmediatamente, se fija otra meta. De este modo, va a necesitar reconstruir la autoestima una y otra vez. Es un círculo vicioso que requiere un fuerte trabajo personal para poder salir de él.

Quererse a uno mismo, valorarse y aceptarse con defectos y virtudes es una conducta que nos conviene aprender día a día.

VACACIONES

Al ser un signo del elemento fuego y de modalidad cardinal, Aries necesita que el destino escogido tenga una amplia variedad de actividades. En este sentido, los lugares que ofrezcan todo tipo de entretenimientos, paseos turísticos o de compras, restaurantes, museos, discos y un poco de todo serán sus favoritos. Les apasiona conocer lugares. Otra alternativa que los seduce es salir de acampada y visitar reservas y parques naturales, así como parques temáticos.

Algunos destinos argentinos ideales para ellos son: Zárate, Tandil, Junín de los Andes y San Rafael.

Los arianos son buenos compañeros de viaje y también buenos exploradores. Al ser aventureros y audaces, no temen tomar riesgos. Les gusta guiarse por su instinto y tomar sus propios caminos.

Esta necesidad de ser «trotamundos» hace que, para ellos, los viajes sean imanes a los que no se pueden resistir. Una vez que llegan al destino escogido, se las van a ingeniar para encontrar lugares no tan transitados o turísticos, y que solo unos pocos entendidos descubrirían. Solo necesitan una lista completa de actividades para hacer en el lugar escogido y un mapa.

Los mejores compañeros de viaje de los arianos son de Sagitario. Ambos observan el mundo con una sonrisa en la cara y siempre están ávidos por descubrir qué les depara el destino escogido. Sus intereses son muy compatibles y disfrutan de conocer nuevos lugares y culturas.

COMPETITIVIDAD

Competir es un impulso innato que aparece muy pronto en la vida. Los seres humanos empiezan a competir en la infancia; por ejemplo, cuando los niños usan sus mejores herramientas al rivalizar con sus hermanos para conseguir el reconocimiento de los adultos y la atención de sus padres. A partir de esas primeras experiencias se inicia una carrera sin fin.

Aries compite con excitación en todo momento y lugar. Su visión del mundo está centrada en el ego, tanto en lo laboral como a nivel familiar. Como le gusta la independencia, el ariano gana sus batallas al mostrar rápidamente sus habilidades, algunas en vías de desarrollo y otras ya consolidadas. Todo el tiempo participa en nuevas competiciones para impresionar a los demás.

» Desafíos que afrontar

Necesitas entender y desarrollar las habilidades de escucha y comprensión, y aprender a reconocer puntos de vista distintos a los tuyos. El desafío es **ser más cooperativo y diplomático.** Es conveniente que intentes alcanzar un equilibrio entre lo que das y lo que recibes. También te conviene **trabajar la sensibilidad y salir del hermetismo autoimpuesto** porque, de este modo, obstaculizas la realización de tus deseos, y eso te convierte en tu propio enemigo.

OCIO

Los arianos son perspicaces y enérgicos a la hora de organizar sus actividades durante el tiempo libre.

Entre sus pasatiempos favoritos, siempre habrá opciones que requieren mucha movilidad y poca concentración.

Les gusta pasear, practicar deportes competitivos como carreras de caballos, fútbol y tenis, o enrolarse en aventuras más arriesgadas y excitantes como el descenso en kayak, el vuelo en parapente o el viaje en globo.

Si están en su hogar, se dedicarán a jugar con los últimos videojuegos o verán algo en televisión para relajarse.

NECESIDADES EMOCIONALES

En el ariano existe una necesidad de expresarse de forma honesta y abierta, para afirmar su propia individualidad.

En este sentido, emprender y empezar nuevos proyectos es de suma importancia para poder desarrollarse en plenitud.

Aries debe aprender a diferenciar los impulsos de las necesidades, para poder identificar lo que quiere conseguir, más allá del placer que le brinda la satisfacción momentánea. Esta energía le exige poner a prueba continuamente su fortaleza física e instintiva a través de nuevos desafíos.

ENFADOS

La ira surge de manera imprevista; es fácil encolerizarlos, incluso por cuestiones insignificantes.

El ariano es exigente con los demás y no le gusta que lo interrumpan. Es capaz de expresar su rabia con gritos, insultos e incluso con portazos; es proclive a los ataques verbales violentos. Debido a su constante nivel de excitación, explota sin darle tregua al otro.

A veces usa su enfado como amenaza para conseguir que los demás hagan las cosas por él. Sin embargo, se olvida rápidamente de que estaba molesto y luego sigue con su vida como si nada hubiese ocurrido.

HERIDAS

Como dijo el escritor español, y virginiano, Francisco de Quevedo: «Quien deja vivo al ofendido, ha de temer siempre la venganza».

Los nativos de Aries se sienten heridos cuando les recuerdan sus defectos y les dan demasiada importancia. Enfrentarlos de esta manera con sus carencias y puntos débiles es destructivo, les hace mucho daño, y es el camino directo a que surjan grandes discusiones que dejarán heridos en ambos lados.

Este tipo de situaciones solo provocan un desgaste de energía inútil, ya que en esos momentos ellos no razonan.

Su objetividad les permite superar los obstáculos y alcanzar el éxito. Sin embargo, uno de los defectos que suelen mostrar los arianos es su irritabilidad, como hemos mencionado, la cual desencadena un bloqueo interno, pues no saben cómo actuar cuando algo los perturba ni por dónde empezar a trabajar en ello. Debido a este tipo de conductas, tienen la necesidad de autocontrolarse a través de la disciplina. Deben evitar el choque entre sus dos fuerzas antagónicas, que son la espontaneidad y la inmovilidad. El límite, por lo tanto, está en pensar antes de actuar y así aprender a controlar sus actos.

DEPORTES

Al ser impulsivos y temperamentales, los arianos siempre quieren ganar en los deportes, pero sin dar casi nada a cambio.

Son muy competitivos y activos, son líderes, pero su compromiso suele estar por debajo del necesario para marcar la diferencia y vencer a los contrincantes. Esto tiene que ver también con su infantilidad. Cuando se les presenta algún obstáculo en el juego, si no logran superarlo inmediatamente y ganar, su ánimo cae en picado, y no va a ser sencillo que se levanten y vuelvan a dar batalla. La necesidad constante de ser los primeros los hace valientes, pero también arriesgados, y no tienen mesura. Los deportes apropiados para ellos son variados, pero les suelen gustar los más extravagantes, arriesgados y divertidos. En este sentido, el paracaidismo, el paravelismo, el esquí acuático y el *flyboard* son buenas opciones. También algunas alternativas más terrenales, como el boxeo y el aerobox, les serán de utilidad para descargar un poco su hiperactividad.

MIEDOS

Cuando nos sentimos asustados, empiezan a aparecer las manifestaciones en el plano físico. El cuerpo se prepara y responde. Llevada al extremo, esta sensación se convierte en un trastorno psicológico conocido como «fobia», que es el miedo desproporcionado ante un objeto o situación en especial. Es necesario trabajar la fobia para superarla o al menos controlarla, con ayuda profesional si fuera necesario.

Los nativos de este signo son los más activos de todo el zodíaco, ya que poseen una gran energía, tanto física como mental. No les gusta estar quietos.

El hecho de estar demasiado tiempo sin hacer nada, por ejemplo, por alguna lesión corporal, puede causarles tensión y estrés. Recordemos que se los representa con la figura del guerrero, pionero y héroe. Su principal fobia, pues, es el miedo a estar quieto, inmovilizado y sin la capacidad de actuar por propia voluntad.

SENTIDO DEL HUMOR

Aries tiene un humor directo, sin filtro. Al igual que la mayoría de los niños, que no suelen pensar antes de hablar y pueden ofender a quienes los escuchan. El problema es que las personas no siempre comprenden que están bromeando, y sus chistes y comentarios, que creen graciosos, pueden sentar mal.

EL PERDÓN

El ariano ofende con facilidad, y una vez hecha la ofensa, se olvida a los pocos segundos.

Sin embargo, el lado positivo es que perdona rápidamente, siempre y cuando las disculpas sean sinceras. Si el otro admite que cometió un error y promete no volver a repetirlo, será perdonado. De lo contrario, acabará en una gran discusión, ya que no tolera las promesas incumplidas.

Para el ariano, lo más difícil es la indiferencia. Cuando se siente muy dolido, se vuelve frío y silencioso para protegerse y dejar al otro fuera. Se trata de una respuesta defensiva ante el dolor, y si llega a este punto, no suele perdonar.

LA SOMBRA

Cada signo del zodíaco posee un lado oscuro, la otra cara de la moneda que prefiere ocultar. Carl Jung utilizó la palabra «sombra» para representar el lado oculto de la personalidad. La sombra simboliza una parte de nosotros mismos que no nos gusta y que no queremos reconocer y, mucho menos, aceptar.

La arrogancia es la sombra de los nativos de Aries. Pensar que tienen razón y lo saben todo es su gran defecto. Cuando ese lado oscuro aparece, pueden sacar afuera su temperamento violento, ya que en este tipo de situaciones, les cuesta mucho contenerse. Este es un punto a trabajar, sin duda.

HÁBITOS

La astrología muestra cuáles son los hábitos que podrían hacerte vulnerable.

Los arianos son propensos a tener actitudes egoístas. Está bien que se prioricen, pero está mal que no ayuden a los demás si pueden hacerlo. Son dos actitudes muy distintas.

La solución es empezar, poco a poco, a prestar atención a las necesidades de los demás. Empezar a colaborar y a brindar ayuda a otros, cuando te lo pidan, son conductas que te harán dejar de lado tu individualismo.

Como dice la famosa cita de Mahatma Gandhi: «Cuida tus pensamientos porque se convertirán en palabras. Cuida tus palabras porque se convertirán en actos. Cuida tus actos porque se convertirán en hábitos. Cuida tus hábitos porque se convertirán en carácter. Cuida tu carácter porque se convertirá en tu destino».

SALUD

Aries rige la cabeza y el cráneo. Los arianos poseen una estructura fuerte y grandes reservas de energía que deberán aprender a canalizar.

Las posibles heridas en estas zonas pueden surgir de las conductas arriesgadas con las que se mueven por la vida; deberían cuidarse en especial de los golpes, las caídas, los accidentes y los cortes con elementos punzantes y afilados.

Las posibles somatizaciones se asientan también en estas zonas corporales, incluidos los ojos, los oídos y la nariz. Por lo tanto, pueden padecer las siguientes patologías: conjuntivitis, sinusitis o hemorragias nasales, es decir, todo lo relacionado con inflamaciones e infecciones. Por esta razón, deben ser muy cuidadosos con los ojos y la nariz en especial.

También tienen predisposición a padecer problemas de coagulación y de presión arterial.

Arianos famosos

- Lady Gaga
- Emma Watson
- Luis Miguel

CITAS DE ARIANOS FAMOSOS

• EMMA WATSON

«No quiero que las personas decidan
quién soy yo. Quiero decidir eso por mí misma».

«Necesitamos vivir en una cultura
que valore, respete, admire e idolatre
a las mujeres tanto como a los hombres».

• VINCENT VAN GOGH

«El éxito es a veces el resultado
de toda una serie de fracasos».

«Más vale ser atrevido, aunque se cometan
muchos errores, que ser estrecho de mente
y demasiado prudente».

LA CARRERA DE SAPOS
(CUENTO DE LA TRADICIÓN SUFÍ)

Había una vez una carrera de sapos, cuya meta estaba en lo alto de una gran torre.

La gente no creía que los sapos pudiesen alcanzar la cima de la torre. Gritaban:

—No lo van a conseguir, no lo conseguirán.

Los sapos escuchaban los gritos y algunos empezaron a abandonar. Pero había uno que continuaba con los mismos ánimos y perseverancia que cuando empezó la carrera.

La gente seguía gritando:

—¡Qué pena! ¡No lo van a conseguir!

Los animales se daban por vencidos. Pero ese sapito avanzaba con más fuerzas. Hacia el final, desistieron todos menos ese sapo que, contra todo pronóstico, llegó a la cima de la torre.

Los otros sapitos querían saber cómo lo consiguió, y uno fue a preguntarle cómo pudo seguir en contra de todo el griterío de desánimo.

Y ¿sabéis qué había pasado? El sapito era sordo.

MORALEJA: **A palabras necias, oídos sordos.**

Tauro

DEL 21 DE ABRIL AL 20 DE MAYO

«Vivir sus deseos,
agotarlos en la vida,
es el destino
de toda existencia».

HENRY MILLER

T	ERCOS
A	DORABLES
U	TILITARIOS
R	ESISTENTES
O	BSTINADOS

TAURO

- **Símbolo:** toro.

- **Elemento:** tierra.

- **Modalidad:** fijo.

- **Planeta regente:** venus.

- **Metal:** cobre.

- **Color:** verde.

- **Lema:** yo tengo.

- **Características principales:** son tranquilos, pacientes, tenaces, obstinados. Saben disfrutar de la buena vida. Son amantes de la naturaleza.

- **Palabras clave:** estabilidad, placeres, perseverancia.

- **Intereses:** actividades que los ayudarán a salir de la rutina, como aprender a modelar esculturas, joyería y todo tipo de ramas artísticas, así como música y jardinería.

- **Amor:** cuentan con una alta compatibilidad con Virgo, Escorpio y Capricornio. Compatibilidad media con Tauro, Cáncer y Piscis. Compatibilidad baja con Géminis, Leo y Acuario.

- **Desafíos:** les cuesta conformarse con los ingresos. También tienen dificultades para recuperarse tras una ruptura amorosa.

- **Son hábiles para:** establecer rutinas y llevarlas a cabo.

- **Ocupaciones:** carpintero, pastelero, confitero, trabajos de representación o de servicios, estilista y cajero.

- **Vínculo con el dinero:** para ellos tener seguridad financiera es la prioridad número uno.

- **Partes del cuerpo:** garganta, cuello y nuca.

- **Regalos:** ropa, zapatos o perfumes, ya que son muy cuidadosos con su imagen.

MITOLOGÍA

odo empezó cuando Poseidón, dios del mar, le regaló un fabuloso toro blanco al rey Minos de Creta. Pese a que debía sacrificarlo en su honor, Minos infringió la orden de su dios y lo mantuvo en la corte. Al ofender a Poseidón, este hizo que Pasifae, reina y esposa de Minos, se enamorara del animal. De esta unión maldita, finalmente nació el Minotauro, un monstruo con cuerpo de hombre y cabeza de toro; un ser temible que se alimentaba de la carne humana.

Avergonzado por la existencia de este monstruo, cuyo nombre significa «toro de Minos», y para proteger a su pueblo, el rey le pidió a Dédalo, un inventor, que construyera un laberinto de donde la bestia no pudiera salir. Allí lo mantuvo y, cada nueve años, para calmar su voracidad, le entregaba como ofrenda siete hombres jóvenes y siete doncellas para que los devorara.

En una ocasión, el joven Teseo se ofreció como voluntario para entrar al laberinto, con el objetivo de matar al Minotauro y liberar a Atenas de un destino trágico. Adriadna, la hija del rey, que se había enamorado de Teseo, le ofreció un ovillo de hilo que le había entregado Dédalo. Teseo logró su cometido: mató al monstruo y, gracias al camino que había marcado con el hilo, encontró la salida del laberinto.

RASGOS DE PERSONALIDAD

Tauro es el segundo signo zodiacal, el primero del elemento tierra y de la modalidad fija. Su planeta regente es Venus.

Los taurinos a menudo creen que tienen más obligaciones morales que el resto de los humanos y se sienten mal cuando no las cumplen. La clave está en reconocer sus sentimientos internos en sus más variadas facetas. A veces, la fuente de la culpa proviene de la niñez; otras, de preocuparse por los problemas antes de tiempo.

La soledad es, con frecuencia, un problema para Tauro.

Los nativos de este signo son compasivos, fieles, de confianza, nobles, fuertes, callados y prácticos. También pueden ser muy rígidos y obstinados. No suelen hacer juicios rápidos sobre algo o alguien, y menos aún, cuando sienten que se están enamorando. Para los taurinos no existe el amor a primera vista. Para conquistar a un nativo de Tauro, una mujer tendrá que mostrar su lado femenino. Un hombre que quiera seducir a una taurina deberá mostrar su lado masculino con vehemencia y siempre con buenos modales.

La sensualidad juega un rol muy importante a la hora de despertar el deseo en los Tauro, tanto en los hombres como en las mujeres, ya que ambos son muy sensuales.

Si sus deseos eróticos están cubiertos, siempre serán fieles. Prefieren construir un futuro estable con su pareja a vivir con inseguridad. Pueden ser muy posesivos cuando quieren a alguien.

Las «T» que suman

- Tenacidad
- Tolerancia
- Tranquilidad
- Templanza

Las «T» que restan

- Terquedad
- Tozudez
- Tacañería
- Testarudez

DESEOS

Los taurinos, ante todo, desean seguridad y tranquilidad. Seguridad, porque les da poder para hacer lo que les gusta; tranquilidad, porque sus mejores decisiones e ideas les llegan gracias a la meditación.

Por último, desean armonía en el ambiente y, en particular, en el grupo de sus amigos. Se asocian con personas de intereses similares, con quienes pueden disfrutar de conversaciones entretenidas en un entorno agradable. Se alejan de todo aquello que los pueda perturbar.

Cuando alguien dice «no puedo», en general hay un **«no quiero»** encubierto, y los taurinos lo saben muy bien. Son conscientes de que, cuando dicen «no puedo», en el 99% de los casos hay una decisión oculta de no hacer algo. Esto puede ocurrir de manera consciente o inconsciente, porque intentan permanecer en su zona de confort, que tanto les gusta tener. No desperdiciéis vuestro talento; podéis hacer vuestras tareas con una gran precisión y efectividad.

La herramienta de programación neurolingüística (PNL) recomendada para los taurinos es el anclaje. Esta técnica los ayuda a situarse en un estado emocional concreto. Se basa en desarrollar la capacidad de entrar en un estado de ánimo más adecuado y poderoso para desarrollar una tarea o para participar en una actividad en especial, y luego aprender a alcanzar ese estado en cualquier momento que se necesite. Se trata de un aprendizaje que les conviene llevar a cabo.

MANEJO DE CONFLICTOS

El nativo del signo Tauro tiene una gran firmeza para lidiar con los problemas de su vida, incluso cuando otros ya se han rendido, el toro sigue adelante con su tenacidad, ya que es muy perseverante.

Pero no hay que olvidar que la energía reprimida nunca es constructiva e interfiere en el bienestar, mientras que, la creatividad puede ser una alternativa adecuada para descargar esa energía emocional contenida.

En primer lugar, los taurinos detestan ser interrumpidos, porque los desconcentra de su enfoque. En segundo lugar, cualquier tipo de cambio los descoloca, incluso una pequeña modificación en sus rutinas diarias. Tampoco les gusta prestar sus pertenencias a los demás, actitud que muestran desde pequeños.

Por último, les molesta dormir en una cama que no sea la suya. Esto sucede, por ejemplo, cuando están de viaje; suelen tardar dos o tres días en poder conciliar el sueño. Pero, por encima de todas las cosas, odian la impuntualidad.

Lección que aprender

Es cierto que la rutina te aporta seguridad, pero también te estanca. La clave es que dejes de lado la comodidad y no te quedes parado. Es importante que **salgas de tu zona de confort;** vas a conseguir unos beneficios inimaginables si lo logras. **Anímate a liberar tu potencial y a plantearte nuevos desafíos.**

FANTASÍAS SEXUALES

Una mujer de Tauro sabe dónde encontrar placer, pues este es muy importante en su vida íntima. Ella probará cada capricho sexual que le sugiera su pareja.

Al hombre de Tauro le gusta el sexo. «¿Y a quién no?», alguien podría preguntarse. La diferencia radica en las necesidades y motivaciones que generan los encuentros sexuales: algunas personas tienen sexo para liberar tensiones, para manifestar poder o simplemente como una demostración de amor. En cambio, el taurino disfruta del sexo; lo adora y no puede vivir sin él.

La fantasía de los taurinos es practicar un *ménage à trois*. El triángulo amoroso es una fantasía muy común en el ser humano y es la favorita de los toros.

El amante de este signo puede parecer lento, pero te dará el universo si se lo pides. Es sumamente atractivo e irresistible en su rol de amante. También es generoso con regalos, caricias y palabras que endulzarán tus oídos, y por eso es bastante vulnerable al rechazo. Su mayor defecto son los celos, que en determinadas circunstancias pueden ser desmedidos.

La mujer de Tauro es elegante y tranquila, como la brisa de verano. Es fiable pero, eso sí, no entres en su territorio e intentes separarla de su amante, porque no le gustará nada y defenderá su vínculo con uñas y dientes. Este signo, al ser gobernado por

Venus, tiene una actitud natural y saludable hacia su amante. Su belleza natural atrae a los hombres como abejas a la miel, y posee una energía sexual inagotable que, con el tiempo, se vuelve más apasionada y estable. Se brinda a su pareja de manera sensual y cálida, y la cercanía física le brinda seguridad. Con una sesión de masajes, subirá rápidamente la temperatura.

Su zona erógena es el cuello. Consejo sexi: empieza el encuentro acariciándole la parte trasera de la cabeza, mientras vas bajando lentamente, con besos, hasta la nuca.

Su fantasía es que la besen tanto que le queden marcas en el cuerpo.

Su sitio favorito para tener un encuentro íntimo es la playa.

Los taurinos son sexualmente compatibles con: Virgo, Capricornio y Cáncer.

Los nacidos bajo este signo son extremadamente sensuales y seductores, y tienen un apetito sexual voraz. El amante de Tauro se toma su tiempo y es lento a la hora de excitarse, así que no hay que apresurarlo. Adoran la buena mesa y el buen sexo, y si de algún modo están combinados, mejor aún. En una relación buscan estabilidad, seguridad y compromiso. Las caricias firmes y el estímulo físico excitan a los amantes de Tauro. ¿Qué brindan a cambio? Sexo rítmico, sinceridad y una sensualidad prodigiosa.

Los taurinos son prácticos y utilizan todos sus sentidos en el momento de tener encuentros sexuales. Son unos enamorados del amor. En el sexo buscan comodidad y seguridad, lo mismo que ellos también brindan a su pareja.

COMPATIBILIDADES EN EL AMOR Y EN LA PAREJA

Alta

• **Tauro – Escorpio:** mezcla perfecta, pues son dos mitades de un todo. Deben evitar ser demasiado competitivos entre ellos. Saben lo que el otro quiere y necesita en el momento indicado.

• **Tauro – Capricornio:** es una relación fuerte y estable, basada en una actitud realista hacia la vida. Tauro aprecia la dedicación y el esfuerzo de Capricornio y este admira la fuerza y la confianza de Tauro.

• **Tauro – Virgo:** esta unión es viable y se caracteriza por el sentido común en el vínculo. Sus personalidades son sensatas, y ambos son humildes y muy disciplinados. También son prácticos y comparten principios.

Media

• **Tauro – Tauro:** esta combinación representa estabilidad, tranquilidad y seguridad. Los dos disfrutan de la paz que les proporcionan las posesiones materiales, así como también saben apreciar las cosas bonitas y refinadas de la vida, como los viajes, el arte y los conciertos.

• **Tauro – Cáncer:** excelente combinación. Tienen una comprensión intuitiva del funcionamiento interno del otro, y crean así un lazo fuerte y duradero. A ambos signos les gusta dominar, así que ese será un punto a trabajar.

• **Tauro – Piscis:** Tauro es un signo ante todo práctico, que jamás se aleja de la realidad. Piscis es idealista y cuando la vida se torna dolorosa, suele evadirse, ya que su mente le pide una vía de escape. Es una unión beneficiosa para ambas partes.

Baja

• **Tauro – Géminis:** relación conflictiva. Tauro es conservador y, en general, quiere imponer sus valores tradicionales, pero Géminis rara vez acepta algo sin cuestionarlo. Habrá chispazos.

• **Tauro – Leo:** relación ideal e intensa desde el aspecto sexual. Mientras que a Tauro le gusta ser amado y también le interesa tener una vida íntima plena, a Leo le gusta ser admirado. Son fieles y posesivos el uno con el otro, sobre todo en el terreno de la intimidad, pero esa efusividad no se extiende a otros planos. En general son vínculos que solo duran mientras exista la pasión.

• **Tauro – Acuario:** hay muchas diferencias en sus personalidades y temperamentos, pero ambos se motivan para trabajar en equipo hacia metas constructivas. Son tercos y les gusta hacer las cosas a su manera. Tauro encuentra consuelo en la rutina, mientras que para Acuario esta solo implica aburrimiento.

Neutra

• **Tauro – Aries:** Tauro es un signo de tierra, sólido y poco dado al cambio, mientras que Aries es un signo de fuego, impulsivo y asertivo. Aries organiza actividades y propone ideas a su pareja, mientras que Tauro trae consigo estabilidad y seguridad. Tienen gustos y personalidades muy distintas, por lo que es difícil que este vínculo tenga éxito a largo plazo.

• **Tauro – Libra:** ambos buscan comodidad y seguridad. Tienen gustos refinados, tanto en lo que respecta a la cultura como a la estética. Visitar museos y exposiciones de arte está siempre en sus planes, así como comprar algún perfume o probar un nuevo tratamiento para la piel. No siempre están de acuerdo en todo, pero saben respetar sus espacios por separado para evitar enfrentamientos.

• **Tauro – Sagitario:** Sagitario crece en la variedad y la novedad, mientras que Tauro prefiere la seguridad de la rutina. Tienen visiones muy diferentes de la vida.

FAMILIA

• Padre de Tauro

El taurino es un padre austero y realista. Como buen Toro, pasa el tiempo «rumiando» ideas y preocupaciones, y por esta razón, suele ser retraído. Es muy protector con los seres que ama. Trata de equilibrar sus propias carencias complaciendo a sus hijos con regalos caros. Se esfuerza por darles una educación práctica y materialista.

• Madre de Tauro

Es una madre terrenal que disfruta la naturaleza junto a sus hijos. Para ella, las actividades al aire libre son la manera perfecta de criarlos. Es capaz, paciente, cuidadosa y obstinada. Es feliz en el hogar. Ama los placeres sencillos de la vida, como la buena mesa; tanto que necesita recordar que la comida no siempre iguala al amor. Sabe hacer de todo y, si no, lo aprende.

• Niños de Tauro

Los padres de un niño de Tauro van a tener que ser muy conscientes de su necesidad de contacto físico. Para ellos, todas sus pertenencias, ya sean juguetes, material escolar o prendas de ropa, serán muy importantes. Son niños prácticos, terrenales, con los pies en el suelo. Los cambios les generan inseguridad. Los padres tendrán que mantenerse firmes; no negociar con ellos ni intentar dar largas explicaciones a sus preguntas; deben ser directos y sinceros. El niño de Tauro es el gran materialista del zodíaco.

• Adolescentes de Tauro

A los nativos de este signo no les gusta apresurarse y en esta etapa lo muestran sin disimulo. Los adolescentes taurinos maduran a su tiempo. No es un período sencillo debido a la lentitud con la que lo atraviesan, pero lo necesitan para decidir sus objetivos. Por lo tanto, en esta etapa la familia deberá tener mucha paciencia. Al brindarles este apoyo, crecerán asumiendo sus responsabilidades y escogerán su vocación con la atención y seriedad que requiere el tema.

Un taurino en la familia

firmeza, coherencia, tranquilidad.

terquedad, condescendencia.

AMIGOS DE TAURO

Los amigos de este signo saben escuchar y guardar secretos. Son fieles y leales. Para ellos, la amistad es una fuente inagotable de alegría. Tienen pocos amigos, pero valiosos. Además, al ser prácticos, suelen ser buenos consejeros.

Se puede confiar ciegamente en ellos, porque aun en los momentos difíciles, siempre echan una mano.

En la amistad, buscan reciprocidad y hasta devoción, porque tienden a entregarse por completo. ¿Su peor defecto? La terquedad.

MASCOTAS DE TAURO

Las mascotas de Tauro buscan las cosas más delicadas dentro de casa. Un almohadón mullido frente al televisor o una colcha calentita abrigado encima del sofá o de la cama son lugares donde se sentirán protegidos y relajados. Son muy posesivos con sus pertenencias, pero también son obedientes. Una sugerencia: controla su peso, ya que pueden llegar a comer en exceso.

Cuando tengas visitas en su casa, asegúrate de que la mascota taurina no te pierda de vista, si no, puede creer que la casa pertenece a las personas que llegaron, y entonces librará una batalla para echarlos de su territorio.

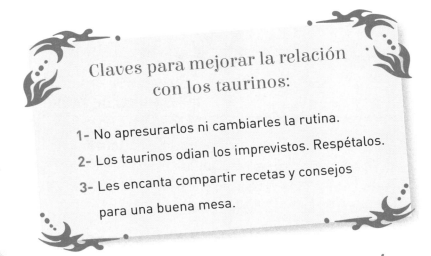

Claves para mejorar la relación con los taurinos:

1- No apresurarlos ni cambiarles la rutina.

2- Los taurinos odian los imprevistos. Respétalos.

3- Les encanta compartir recetas y consejos para una buena mesa.

JEFES DE TAURO

Los taurinos saben liderar e instruir a su personal. Normalmente se toman un tiempo prudente hasta animarse a delegar funciones y tareas. Se ocupan de todo al detalle, hasta explicar paso a paso, si fuese necesario, el procedimiento de trabajo. Suelen ser tercos y resistentes a los cambios; la rutina les brinda seguridad. Cuando están en una reunión no les gusta que los interrumpan con llamadas telefónicas o golpes en la puerta, y mucho menos que entren en su oficina sin anunciarse, ya que necesitan concentración. Sus principales fortalezas son el cuidado del otro y la estabilidad. Un jefe de Tauro es de aquellos superiores que, a la hora de comunicarse con sus empleados, lo hacen mediante instrucciones.

LOS *SÍ* Y LOS *NO* EN UNA ENTREVISTA LABORAL

En las entrevistas, los taurinos corren el riesgo de mostrarse acartonados y rígidos, en especial porque suelen enfatizar sus referencias de empleos anteriores. Además, hay detalles que deben cuidar. Por ejemplo, es fundamental que no entren con alimentos, ya sea algún *snack* o masticando caramelos o chicles (tampoco hay que ofrecerle al entrevistador). Deben sentarse de manera correcta, pero sin mostrarse severos ni cortantes en las respuestas. Por último, es importante sonreír para distender la situación.

SÍ habla con pasión sobre tus talentos.

 NO hables demasiado tiempo sobre el salario.

DINERO Y FINANZAS

Para los nacidos bajo la constelación del toro, la seguridad financiera es como la vida misma. En otras palabras, los taurinos son los que más se preocupan por el dinero.

Su frase de cabecera es: «Haz hincapié en la idea de abundancia. Pensar en la abundancia contribuye a crear abundancia». (Norman Vincent Peale, autor de *El poder del pensamiento positivo*).

Los taurinos encuentran una gran satisfacción en los beneficios económicos, en el estatus social que les brindan y en tener independencia económica. Las inversiones más apropiadas para ellos son los bonos de entidades bancarias.

TÁCTICAS DE NEGOCIACIÓN

La estrategia recomendada consiste en aplicar la ley de la escasez. Es decir, a los nativos de este signo les conviene adquirir objetos exclusivos y, por lo tanto, escasos, porque de esta manera obtendrán un mayor beneficio por el valor de reventa. En síntesis, les conviene comprar poco y bueno, y no acumular como suelen hacer.

AUTOESTIMA

Es importante el desarrollo de sus valores personales, ya que esto les proporcionará una base segura de autoestima, la cual es crucial y determinante para su camino evolutivo.

Sin embargo, hay que tener en cuenta que son resistentes a los cambios y demasiado perezosos en algunas ocasiones para crear lo que necesitan para su seguridad, y esta característica de su personalidad puede convertirse en un obstáculo para alcanzar dichos valores y objetivos en la vida. Pero cuando logran tener confianza en sí mismos, obtienen los recursos necesarios para sentir tanto paz interior como autoestima.

VACACIONES

Por pertenecer al elemento tierra, a Tauro le gustan los entornos tranquilos, sin mucho bullicio, para poder relajarse y desconectar de la rutina. Los lugares que permitan el contacto directo con la naturaleza serán los ideales. Los taurinos prefieren los paquetes de vacaciones ya hechos, porque no les gusta decidir las cosas en el momento, sino tenerlo todo contemplado con antelación.

En ese interés por la naturaleza, recorrer jardines botánicos y parques naturales les resulta placentero.

San Antonio de Areco, San Andrés de Giles y el Valle de la Luna, en San Juan, son destinos turísticos argentinos ideales para ellos.

La gran pregunta es: ¿son buenos compañeros de viaje?

Los taurinos son cautelosos y metódicos al planificar sus vacaciones. No sueñan con hacer su maleta en el último minuto, no son espontáneos. Para ellos, el placer de la experiencia empieza mucho antes de llevarla a cabo. Investigan sobre diferentes hoteles, excursiones, restaurantes y, por supuesto, siempre tienen una guía en la mano de las ciudades a visitar. Su compañero de viaje ideal es Capricornio. Juntos obtienen un diez en planificación. La sensatez y los itinerarios se adhieren estrictamente a lo estipulado, no hay lugar para las sorpresas; por lo menos por su parte.

COMPETITIVIDAD

Son competitivos en lo que respecta a sus posesiones. Desarrollan rutinas cuyo objetivo y razón de ser es conservar y proteger sus valores y objetos. Por su naturaleza, solo competirán cuando haya algo de valor en juego.

El taurino nunca podrá "soltar" un objeto; según él, "lo que le pertenece siempre será suyo".

» *Desafíos que afrontar*

Debido a tu naturaleza, probable que sigas consejos de otras personas. Aunque eres consciente de la magnitud de tu rigidez, aún crees que **resolver las cosas de la manera tradicional** es la mejor forma de hacerlo.

Tu mayor desafío es **salir de la pereza,** de tu zona de confort y admitir que, de esta manera, no conseguirás todo lo que deseas. La lección, entonces, sería **lanzarte a vivir distintas experiencias.**

Con Venus como su planeta regente, valoran el arte y la música. Al ser bastante perezosos, es casi misión imposible que hagan deporte en su tiempo libre, cuando practicar alguna actividad física los ayudaría a quemar esas calorías extra con las que tienen que lidiar por el placer de la buena mesa. Otros *hobbies* que los ayudan a salir de la rutina son la escultura, la joyería y la jardinería.

NECESIDADES EMOCIONALES

El taurino necesita sentir estabilidad casi todo el tiempo, así como seguridad; los recursos internos y la capacidad para conseguir lo que desea le permiten ganar confianza. Conocer el propio cuerpo y estar en contacto con la tierra le resultan necesarios para equilibrar su energía. Cuando estas necesidades no son satisfechas, es probable que intente equilibrarlas con fuentes externas, en su mayoría materiales. Por ejemplo, con compras compulsivas, con acumulación de cosas o con deudas para adquirir algo que no está a su alcance, e incluso puede comer o beber de más... pero, ¡atención!, el universo le exigirá que aprenda a equilibrar su capacidad de dar y recibir. Lo ideal sería que, en vez de gastar o acumular tanto para su posesión personal, hiciera lo posible para compartir con sus seres queridos.

ENFADOS

Los nativos de este signo no se enfadan fácilmente. Sin embargo, si se les fastidia, pueden arremeter como un toro violento.

A veces el enfado taurino crece a lo largo del tiempo y explota cuando la gota colma el vaso. Cuando esto ocurre, se sienten muy molestos y les llevará mucho tiempo tranquilizarse, aunque el enfado en ellos es poco frecuente. No perdonan fácilmente a aquellas personas que hirieron sus sentimientos. El problema es que creen tener razón y no son capaces de ver el otro punto de vista.

Deben intentar ser más flexibles, porque ello les permitirá apreciar y respetar la diversidad.

HERIDAS

A Tauro le duele la falta de honestidad. Tomar consciencia de que la otra persona se está aprovechando de su credulidad y confianza le hiere. A los taurinos les resulta casi imposible dar una segunda oportunidad.

DEPORTES

Son prácticos y, como ya se ha dicho, prefieren la rutina a la espontaneidad. Les gusta tener un entrenador para su deporte favorito, aunque también confían plenamente en su propio instinto. Quizá les falte algo de entusiasmo y parezcan poco arriesgados, pero en realidad están analizando las consecuencias desde su punto de vista, para descubrir si demasiado esfuerzo está justificado o no... Lógico, porque el punto débil de los Tauro es la pereza.

Los deportes más apropiados para ellos son el fútbol, el *rugby* y el baloncesto, y los que deberían evitar son la natación sincronizada y el *aquagym*.

MIEDOS

Este signo puede convertirse en el más aburrido de todo el zodíaco; tanto que pueden caer en la pereza y en la glotonería a partes iguales. Asimismo, temen quedarse sin dinero, por lo que ahorran casi toda su vida y, a pesar de ello, creen que nunca tienen suficiente patrimonio.

Sin embargo, si logran superar ese miedo, pueden aumentar sus ingresos considerablemente. La autoestima y la introspección son sus puntos débiles por las sensaciones que les provocan. Son felices con la estabilidad y prefieren olvidar el hecho de que lo único constante en la vida son los cambios.

SENTIDO DEL HUMOR

Tauro disfruta de las comedias y de compartir risas con amigos y familiares. Es un ser alegre por naturaleza.

Este sentido del humor aparece en cualquier contexto, pues lo observa todo y a partir de ahí surge la broma. Esta habilidad de Tauro es como un radar que capta hasta el más pequeño detalle en los demás y en el entorno.

EL PERDÓN

A los taurinos les molestan mucho las ofensas; para ellos, un agravio es el fin del mundo. Si están ofendidos, pueden ser crueles y cortantes, y les resulta difícil volver a entrar en razón. Es el signo más terco del zodíaco. No es tarea sencilla dar una segunda oportunidad. Son capaces de llevarse sus rencores a la tumba. La mejor manera de pedirles disculpas es hacerles un regalo con valor sentimental.

LA SOMBRA

La inmoralidad es la sombra de los taurinos. Cuando su lado oscuro hace aparición, utilizan a sus poderosos y fieles contactos para conseguir aquello que más desean. Para los nativos de Tauro es más importante el fin que los medios, por lo que en su mente todo está justificado.

HÁBITOS

Los taurinos tienden a vivir en el desorden por querer po-
seerlo todo. Rodearse de sus pertenencias les brinda seguridad, pero necesitan una guía, una mano amiga, que les ense-
ñe a organizarlas. De esta manera, también evitarán el caos
mental, ya que organizar la casa es como ordenar la mente.

SALUD

Este signo domina la zona del cuello con todos sus componen-
tes: músculos, huesos, articulaciones, ligamentos y tendones.
Rige, pues, la garganta, las amígdalas, las cervicales, la laringe,
la faringe y la glándula tiroides.

Las patologías recurrentes pueden ser: dolores de garganta,
tortícolis, afonías, nódulos, laringitis, faringitis, contracturas,
dolor cervical, inflamación de las amígdalas, anginas y paperas.

Taurinos famosos

- David Beckham
- George Clooney
- Reina Isabel II

♈ ♉ ♊ ♋ ♌ ♍

CITAS DE TAURINOS FAMOSOS

· SIGMUND FREUD

«Nuestros complejos son la fuente
de nuestra debilidad, pero con frecuencia,
también son la fuente de nuestra fuerza».

«Uno es dueño de lo que calla y esclavo
de lo que dice».

· ADELE

«Sé valiente y no tengas miedo a tomar
una decisión equivocada. Si lo estás haciendo,
seguro que es por una buena razón».

«La vida es mucho más fácil
cuando no tiramos del pasado».

LA GALLINA DE LOS HUEVOS DE ORO

(FÁBULA DE ESOPO)

Érase una vez un granjero y su esposa, que tenían una gallina que ponía un huevo de oro cada día.

Supusieron que la gallina debería contener un gran terrón de oro en su interior, y para tratar de conseguirlo de una sola vez, la mataron.

Al hacer esto se encontraron, para su sorpresa, que la gallina no se diferenciaba en nada de sus otras gallinas. El par de ingenuos, que esperaban convertirse en millonarios con un solo movimiento, se dieron cuenta luego de que habían perdido el único ingreso que tenían asegurado día tras día.

Géminis

DEL 21 DE MAYO AL 20 DE JUNIO

«No abras los labios
si no estás seguro
de que lo que vas a decir
es más hermoso que el silencio».

PROVERBIO ÁRABE

G RACIOSOS

E NTRETENIDOS

M ALHUMORADOS

I NTELIGENTES

N EGOCIADORES

I NQUIETOS

S OCIABLES

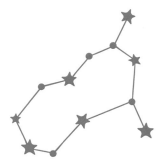

GÉMINIS

- **Símbolo:** gemelos.

- **Elemento:** aire.

- **Modalidad:** cambiante.

- **Planeta regente:** Mercurio.

- **Metal:** mercurio.

- **Color:** amarillo.

- **Lema:** yo pienso.

- **Características principales:** son personas que se adaptan a cualquier ambiente, siendo bromistas, locuaces, inteligentes e inestables.

- **Palabras clave:** adaptabilidad, indagación, curiosidad, nerviosismo.

- **Intereses:** necesitan gran variedad de pasatiempos para pasar su tiempo libre. Visitar una biblioteca, ver películas, resolver crucigramas, asistir a cursos y salir con amigos son buenas alternativas.

- **Amor:** tienen una alta compatibilidad con Libra, Sagitario y Acuario. Compatibilidad media con Aries, Géminis y Leo. Compatibilidad baja con Tauro, Cáncer y Escorpio.

- **Desafíos:** si quieren formar pareja, tendrán que afrontar su miedo a perder la libertad.

- **Son hábiles para:** conversar, transmitir conocimientos y escribir.

- **Ocupaciones:** periodistas, locutores, escritores, conferenciantes y humoristas.

- **Vínculo con el dinero:** por un lado, ahorrarán mucho dinero y, por el otro, lo gastarán todo en un solo día si no logran dominar sus impulsos consumistas. Estas dos conductas antagónicas conviven dentro de la doble personalidad que tienen los nativos de este signo.

- **Partes del cuerpo:** hombros, brazos, pulmones y bronquios.

- **Regalos:** cualquier cosa relacionada con la música, como reproductores, la suscripción a un servicio de *streaming*, libros, revistas, películas, rompecabezas y juegos de mesa.

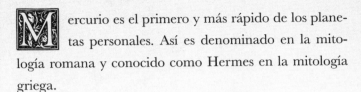

Mercurio es el primero y más rápido de los planetas personales. Así es denominado en la mitología romana y conocido como Hermes en la mitología griega.

Hermes es hijo de Zeus y Maya. Nació en una cueva y, a los pocos días, ya mostró al mundo su habilidad para escaparse e ir a recorrer el mundo.

Un día, llegó al lugar donde se encontraba su hermano, Apolo, que tenía un rebaño con vacas y bueyes, y decidió robarle algunos de estos animales y encerrarlos en una cueva para que él no pudiera encontrarlos. Mientras tanto, tuvo tiempo de armar una lira con el caparazón de una tortuga que encontró en el camino. Después volvió a su cuna y se durmió.

Cuando Apolo descubrió el robo de parte de su rebaño, se puso a buscar desesperadamente al ladrón.

Finalmente, Hermes reconoció su culpa, pero no recibió ningún castigo porque Apolo quedó fascinado con la lira y le ofreció todo su ganado a cambio del instrumento musical. Además, le regaló una vara, con la que Hermes construyó el caduceo, su símbolo por excelencia.

RASGOS DE PERSONALIDAD

Géminis es el primer signo del elemento aire y de la modalidad cambiante. Al ser un signo gobernado por Mercurio, el mensajero de los dioses, suelen ser personas inquietas.

Los nativos de este signo son inteligentes, activos y dueños de una energía que puede exceder lo habitual. Géminis vive el momento.

Son muy hábiles con las palabras y las utilizarán para encantar a quien deseen. Tienen una necesidad constante por la variedad en todas sus formas.

Son comunicativos, ingeniosos, divertidos, dispersos, curiosos y con doble personalidad. Siempre quieren estar en todas partes y, si pudieran, estarían en más de un lugar al mismo tiempo. Les gustan los cambios, razón por la cual siempre buscarán un camino alternativo. Disfrutan empezando nuevas actividades, pero muchas veces les falta la constancia necesaria para acabar lo que empiezan. Son graciosos, bastante infantiles, imaginativos y egocéntricos, como los niños. Se decepcionan con facilidad si consiguen lo que desean. En ocasiones, son capaces de recurrir a recursos cuestionables, como las mentiras, con tal de alcanzar sus metas. No hay que olvidar que Géminis es el signo de los gemelos y por ello, su personalidad y su carácter pueden ser indescifrables, complicados y al mismo tiempo, contradictorios. Pueden estar de buen ánimo, y de un momento para el otro sentirse mal. Es parte de su doble personalidad.

Las «I» que suman

- Ingenio
- Inclusión
- Inteligencia
- Intelectualidad

Las «I» que restan

- Inmadurez
- Incoherencia
- Indiscreción
- Imprecisión

DESEOS

Los geminianos desean vivir experiencias que se salgan de lo normal. También les gusta intercambiar conocimientos, hablar de temas que conocen, compartir sus experiencias, viajar y descubrir nuevas culturas, y ser independientes.

AYUDA DE LA PNL

La técnica que te resultará más útil es la disociación. A través de diversos ejercicios podrás eliminar emociones negativas, por ejemplo, la culpa. Muchos geminianos la albergan en su interior, porque se sienten obligados a hacer cosas que no quieren hacer.

Si se sienten sobrepasados por las actividades, deberían decirlo directamente. Además, la comunicación abierta y sincera les dará la oportunidad de encontrar caminos alternativos que pueden resultar más placenteros para transitar.

Cuando el geminiano experimente algún sentimiento negativo, debe empezar identificando la emoción: ¿miedo?, ¿tristeza?, ¿enfado?, ¿impotencia? ¿Qué es? Luego, puede imaginar que flota sobre su cuerpo y desde allí, observar la situación como si fuera otra persona. Al poner esta distancia emocional con lo que le sucede, Géminis podrá entender la situación con más claridad y resolverla más rápidamente.

MANEJO DE CONFLICTOS

Los geminianos tienen la habilidad de reaccionar al instante en cualquier situación y, como consecuencia, suelen tener un temperamento muy nervioso. Enfrentarse a un conflicto les provoca fastidio, enfado y al mismo tiempo excitación, debido a la dualidad de este signo. Para ellos es normal tener sensaciones contradictorias, ya que están acostumbrados a que así sea.

Suelen resolver los problemas hablando, pero hay que decirlo: en general les gusta más ser escuchados que escuchar. No son propensos a compartir sus problemas personales, sino que son bastante cerrados y, si surge un problema de esa índole, pueden mantenerse en silencio o incluso levantarse e irse, dejando a su interlocutor con la palabra en la boca. Hay que recordar que son muy imprevisibles.

Las personas de este signo detestan escuchar quejas interminables por parte de los demás, así como también odian las reglas y verse obligados a seguirlas.

Un dato interesante es que no les gusta perder a nada, aunque se trate de juegos o competiciones menores que lleven a cabo con sus amigos en sus ratos de ocio.

Odian poner la atención en un solo tema; en su mente ese concepto no existe. Pero, por encima de todas las cosas, desaprueban perder el tiempo en cuestiones sin importancia.

Lección que aprender

A veces, el don de la palabra puede jugar en tu contra. Las charlas interminables y tu tendencia a hacer comentarios, ingeniosos y a veces irónicos, puede confundir a tus interlocutores y dejarlos exhaustos. Si se trata de personas a las que tienes que explicar algo, lo único que conseguirás con esta conducta es que sigan dependiendo de ti, en vez de darles herramientas para que puedan valerse por sí mismas. Deberías **abandonar esta actitud egoísta e infantil que solo acabará alejándote de los demás.**

FANTASÍAS SEXUALES

La mujer de Géminis es bastante imprevisible en lo referente al sexo. Para ella es fundamental el estímulo mental. Libre de prejuicios, siempre estará dispuesta a vivir nuevas experiencias. Sexo virtual, películas eróticas y libros especializados en la materia son sus opciones favoritas.

El hombre de Géminis no es machista ni exhibirá una pasión salvaje. Sabrá provocar sensaciones a través de una charla sugestiva y erótica. Le gustan distintas prácticas sexuales y para ello podría recurrir a las posiciones del kamasutra.

Su fantasía favorita es emplear un lenguaje sucio con su pareja. La conversación provocadora y el lenguaje soez les resulta excitante y los llevará de manera espontánea al encuentro sexual. A los nativos de este signo no les cuesta hacer este tipo de juego previo, ya que tienen una gran imaginación y disfrutan mucho de las charlas eróticas.

Los geminianos desean, más que nada, tener independencia y libertad en sus relaciones. En el sexo son ingeniosos y muy divertidos; con esta actitud pueden despertar en su amante intensas fantasías eróticas. Son experimentados en el área amorosa, les gusta seducir y conquistar, y para lograrlo, usan su inteligencia en todo momento y lugar. El amante de este signo prometerá cualquier cosa, con tal de atraer a la persona deseada, pero rara vez cumplirá sus palabras. Si te atrae alguien de este signo, deberías escucharlo y dejar que dé rienda suelta a su pasión... y a sus palabras. Al ser un signo del elemento aire, como ya se ha dicho, su mente juega un papel clave en el terreno sexual. Es, además, el gran experimentador del zodíaco; alguien a quien le gusta jugar, probar cosas nuevas y fantasear. Sin embargo, se le plantea un dilema importante: es frecuente que la rutina del matrimonio y la familiaridad con su pareja le hagan perder interés en el vínculo.

Su lugar favorito para el sexo es el ascensor; el movimiento y la posibilidad de que los pillen *in fraganti* les aporta un enorme placer y una buena dosis de adrenalina.

Son sexualmente compatibles con Aries, Leo y Libra.

Las orejas, las manos y los brazos son sus zonas erógenas principales. Consejo para el placer: Su pasión puede encenderse con besos desde el lado interno del brazo hasta la axila. Se estremecerá tanto que pronto acabarán bajo las sábanas...

COMPATIBILIDADES EN EL AMOR Y EN LA PAREJA

Alta

• **Géminis – Libra:** este es un vínculo equilibrado y exitoso a largo plazo. Puede que a Libra le falte tenacidad y perseverancia, pero sabe equilibrar y llevar adelante la dualidad de Géminis. Este último aprecia la armonía con la que se mueve el signo de la balanza.

• **Géminis – Sagitario:** Sagitario es hábil a la hora de explorar. El atolondramiento sagitariano puede dar lugar a discusiones y conflictos con Géminis; lo bueno es que en general los resuelven rápidamente. Hay buena química sexual.

• **Géminis – Acuario:** es una relación donde ambas partes consiguen consiguen estimularse a nivel mental. Los dos signos comparten una conexión mística y sienten la necesidad de alejarse de lo mundano. Buscan la compañía del otro. Sus duelos verbales resultan magníficos. Es una buena unión, más amistosa que sexual.

Media

• **Géminis – Aries:** tienen un bonito vínculo. Se divierten desafiándose entre sí, tanto con pruebas de fuerza física como mentales, y lo pasan muy bien haciendo actividades juntos. En ocasiones, Aries puede ser más exigente en lo afectivo que Géminis.

• **Géminis – Géminis:** mantiene una relación vibrante, juguetona. Es un dúo que siempre se estimula; disfrutan los desafíos mentales como de las innovaciones en la cama, así que saben entretenerse el uno al otro. Cooperan en lugar de competir. Sus discusiones no suelen ser graves, por lo que luego no quedan resentimientos.

• **Géminis – Leo:** relación animada. Hay mucha actividad y optimismo en este vínculo. Géminis admira el espíritu de Leo, y a su vez Leo disfruta del estímulo creativo y mental que recibe de Géminis.

Baja

• **Géminis – Tauro:** necesitan darse espacio para aprender y crecer. A Géminis le puede resultar incómodo bajar a la tierra, que es donde mejor se mueve Tauro por ser un signo de este elemento. La frivolidad y la falta de estructura de Géminis pueden ser factores determinantes para que esta pareja no tenga éxito.

• **Géminis – Cáncer:** disfrutan de una relación atípica. Géminis es intelectual, mientras que Cáncer es sensible y emocional. Les gusta jugar al límite, y así es como suelen poner a prueba la paciencia del otro.

• **Géminis – Escorpio:** este es un vínculo que se pone a prueba constantemente. Escorpio no solo es más metódico y organizado que Géminis, sino que también es más posesivo y celoso. Si quieren prosperar juntos, deberán arriesgarse y trabajar en su relación.

Neutra

• **Géminis – Virgo:** aquí estamos ante un camino sinuoso, con muchos altibajos. Cada uno de ellos piensa que siempre tiene la razón, y se juzgan entre sí con demasiada rigidez. Es un vínculo que requiere mucho trabajo y compromiso mutuo para no romperse.

• **Géminis – Capricornio:** sus personalidades son totalmente distintas. Géminis es algo caprichoso y salta de
un asunto a otro guiado por sus impulsos. Capricornio,
en cambio, es metódico y prefiere montar un plan de
acción. Habrá roces, sin duda.

• **Géminis – Piscis:** hay empatía entre ellos, ya que ambos son signos duales. Es una relación, en general, compleja, errática y en constante evolución. Piscis vive en un
mundo de fantasía y Géminis, con su inteligencia, añade
una nueva dimensión a las experiencias corrientes.

FAMILIA

• Padre de Géminis

Es un padre sociable y juguetón. También es espontáneo, simpático y ocurrente. Tiene sentimientos genuinos y comparte una
complicidad con sus hijos que supera lo habitual. No asume con
facilidad el rol de padre, más bien suele actuar como amigo, ante
lo cual muchas veces sus hijos no acaban de comprender si habla
en serio o en broma. Se muestra algo disperso en cuanto a la educación de sus hijos, ya que le cuesta seguir una línea de conducta.

• Madre de Géminis

Es una madre moderna y abierta. Está muy bien informada y sobre las cuestiones que la ayudan a mejorar su rol maternal. Las
madres geminianas entienden a sus hijos con solo mirarlos, y

saben acompañarles en las presiones que recibirán en cada etapa de sus vidas, así como también saben acompañarlos en sus momentos más felices. El punto débil puede aparecer cuando deban disciplinarlos, porque están más acostumbradas a ser buenas compañeras que a poner límites.

· Niños de Géminis

Los pequeños geminianos quieren participar en todas las actividades que se les presentan, y son sociables y locuaces, en general. Al ser muy curiosos, necesitan muchos estímulos para sentirse felices, o de lo contrario se aburrirán con facilidad.

Suelen aprender a leer y a escribir antes de tiempo y conviene dejarlos avanzar a su propio ritmo. Si tienen hermanos, es probable que se comuniquen fácilmente con ellos, ya que tienen el don de la palabra.

En ocasiones, pueden alejarse un poco del momento presente y mostrarse más silenciosos y retraídos, pero la mayor parte del tiempo van a preferir jugar y hablar con otros niños.

En otras palabras, el niño de Géminis es el comunicador nato del zodíaco, y mostrará capacidad y decisión en todas las actividades que lleve a cabo.

· Adolescentes de Géminis

Son inquietos, curiosos y sociables, pero no todo será de color de rosa para ellos. Estos adolescentes experimentarán mucha intranquilidad y molestias generalizadas durante la pubertad. Les resultará un gran desafío salir airosos de esta etapa y tendrán que empeñarse a fondo para no perder el rumbo y seguir adelante con sus objetivos.

A sus padres y a su familiares se les recomienda que sean pacientes y que sepan escuchar y acompañar, pero sin presionarlos. Si estos jóvenes se sienten presionados, se encerrarán más en sí mismos y hasta se pondrán de mal humor, y lo manifestarán a través de enfados y groserías que, como ya sabemos, no suelen ser constructivos. Recordemos que este es un signo doble y, como tal, su carácter contradictorio. Para ellos, la vida es como un juego y, en ocasiones, les cuesta tomarse las cosas en serio y llevar adelante sus tareas y obligaciones para alcanzar sus metas. Además, al tener un carácter aniñado, se desaniman fácilmente.

Por tanto, hay que tener paciencia, mientras van dejando atrás la niñez y entran en una nueva etapa, en la que se les plantearán nuevos desafíos que podrían provocarles miedo y ansiedad.

Un geminiano en la familia

educación, expresión de sí mismo, creatividad.

inmadurez, distracción.

AMIGOS DE GÉMINIS

Los geminianos aman a sus amigos y suelen darles más prioridad que a sus parejas. Tienen un círculo social amplio, pero solo unos pocos amigos íntimos. Dedicarán mucho tiempo y energía a la amistad, ya que son muy sociables y saben adaptarse a su entorno. Aceptan todos los puntos de vista, por lo que con ellos puedes relajarte y dejarte llevar. Son amigos afectuosos y les gusta dejar su huella personal en todo lo que hacen.

MASCOTAS DE GÉMINIS

Estos animales domésticos, en especial los perros, te «informarán» sobre todo lo que sucede en tu barrio. Te enterarás de quién pasa cerca de tu casa porque lo anunciarán con fuertes ladridos y carreras. Si el que está cerca es otro animal, también lo expresará del modo adecuado. Queda claro, pues, que no se trata de animales silenciosos.

Aunque intentes tranquilizarlos y silenciarlos, es poco probable que lo logres, ya que estas mascotas querrán jugar en todo momento. También disfrutan corriendo por todas partes, pero no te preocupes, ya que tienen buenos instintos y siempre volverán a tu lado.

Claves para mejorar la relación con los geminianos:

1- Evita criticar a personas y cosas de su entorno.

2- Mantente siempre informado.

3- Sorpréndelos con alguna invitación imprevista.

JEFES DE GÉMINIS

La mayoría de los geminianos no se sienten cómodos dando órdenes; prefieren ser parte de un equipo y compartir experiencias, con compañeros que estén al mismo nivel en la estructura de la empresa. Aunque son capaces de asumir el rol de jefe, no es una función que les salga de manera natural. Saben delegar tareas y responsabilidades y confían en sus empleados, aunque prefieren reservarse siempre la última palabra. Sus principales fortalezas son la comunicación y la astucia. Su estilo de mando se basa en la sensatez; buscan soluciones razonables a los problemas y esperan lo mismo de los miembros de su equipo, es decir, que actúen con sentido común, no con conductas irracionales.

LOS *SÍ* Y LOS *NO* EN UNA ENTREVISTA LABORAL

Los geminianos son comunicadores natos, así que en las entrevistas se muestran simpáticos, amables y honestos. Eso sí: deben evitar ser demasiado informales porque eso podría molestar a los entrevistadores. La clave está, pues, en no mostrarse demasiado informales ni confiados. También es importante vestirse de la forma apropiada.

Su locuacidad será, sin duda, una ventaja frente a otros candidatos. Sus respuestas, que suelen ser interesantes, impresionarán a los presentes. En una entrevista en grupo, deberán tener siempre presente que no se trata de un encuentro social; deberán comportarse y recordar que los candidatos siempre están siendo observados.

aporta casos concretos para mostrar tus habilidades.

 te centres demasiado en tu experiencia profesional.

DINERO Y FINANZAS

Los geminianos tienden a preocuparse mucho por el dinero, pero deben recordar que su personalidad es doble; por un lado, pueden ahorrar bastante dinero si se lo proponen y, por el otro, si no consiguen reprimirse, pueden gastárselo todo en un solo día... Al presentar esta dualidad, no es extraño que dejen sus finanzas en manos de una persona de confianza que tenga una conducta más responsable con el dinero.

TÁCTICAS DE NEGOCIACIÓN

El diálogo, para estos nativos, tiene la misma importancia que el problema a resolver. En las negociaciones, saben utilizar numerosos argumentos, aunque no siempre tengan sentido. Pero no importa, ya que son hábiles para llevar a cabo estrategias basadas en la palabra.

Los geminianos son camaleónicos, por lo tanto, pueden ir cambiando de posición durante la negociación.

A la hora de tratar con ellos, conviene utilizar la ley de reciprocidad como estrategia. Si se les da algo, se sentirán obligados a devolver el favor y, de esta manera, ambas partes podrían entablar vínculos comerciales y laborales a largo plazo.

En cuanto a las inversiones, no hay ningún área en especial que no les interese. Por el contrario, al tratarse de un signo del elemento aire y estar regido por el planeta Mercurio (el mensajero de los dioses), pueden participar en cualquier práctica comercial. En este sentido, es muy probable que sus perspectivas financieras prosperen a corto plazo.

Las inversiones más apropiadas para ellos son las acciones en el sector tecnológico.

AUTOESTIMA

La mayor parte de su vida se comportarán como niños, con lo bueno y lo malo que estos tienen.

Se muestran contentos y con mucha energía cuando las cosas van por el camino correcto, pero cuando las cosas no salen como querrían, pueden adoptar un rol pasivo y no saber cómo salir adelante. También pueden ser agresivos con su entorno, aun cuando solo pretendan ayudarlos. Cuando no pueden demostrar todo su potencial, su autoestima sufre un duro revés.

VACACIONES

Los geminianos se aburren muy fácilmente, incluso en vacaciones, por lo que es aconsejable que opten por destinos donde puedan aprender un gran variedad de cosas. Al ser un signo gobernado por el planeta Mercurio, disfrutarán de todo tipo de museos, desde los científicos hasta los de arte; todos ellos llamarán su atención porque sus intereses son diversos. Además, les gusta ir a librerías, conciertos y a cualquier lugar que les permita vivir nuevas experiencias y ganar conocimientos. Su curiosidad los impulsa a llevarse consigo las historias de los lugares visitados.

En general, por esta necesidad de aprendizaje constante, los viajes de puro ocio no son de su estilo. Sin embargo, también pueden disfrutar de actividades más sociales, como ir a bailar y a tomar algo en bares. Al ser muy sociables es probable que acaben sus vacaciones con amigos nuevos.

Para ellos, el mejor compañero de viaje es otro geminiano; cuando estos gemelos se juntan, es como si viajaran en grupo: parecen ser más que dos debido al dinamismo que les aporta su dualidad. Con este dúo, la diversión está asegurada.

Las ciudades geminianas argentinas son: Esquel, San Carlos de Bariloche y Concepción del Uruguay.

COMPETITIVIDAD

Los geminianos compiten con astucia y disimulo, y no son nada previsibles. Observan, aprenden y se adaptan con rapidez a los nuevos escenarios. También son hábiles para hacer los cambios que precisa cada desafío en especial.

Son tan cerebrales que pueden realizar alguna maniobra imprevista y que en apariencia no tiene sentido con tal de volver a estar en una posición destacada en la competición. Saben, pues, lo que están haciendo.

» *Desafíos que afrontar*

Tu curiosidad, junto con tu ingenio, te ayudarán a aumentar tu calidad de vida, aunque es importante que no pierdas el tiempo con distracciones innecesarias. Es aconsejable que **desarrolles la capacidad de escucha,** para permitir que los demás expresen libremente sus pensamientos, ideas y opiniones, y **tú puedas tener toda la información** antes de llegar a una conclusión.

Géminis necesita gran variedad de pasatiempos para entretenerse en su tiempo libre, ya que su naturaleza inestable le hace cambiar sus intereses muy a menudo.

Mercurio, su planeta regente, está relacionado con la mente, la comunicación y el conocimiento. El hecho de tener muchas actividades disponibles brindará a los geminianos momentos de gran satisfacción.

Visitar una biblioteca, ver películas, resolver crucigramas o asistir a cursos, donde además podrán conocer gente, son opciones que ocuparán sus mentes inquietas.

NECESIDADES EMOCIONALES

Tienen una gran necesidad de comunicación, en especial de hablar con otros, aunque sea de temas banales y no de cuestiones personales, que suelen evitar. Para ellos resulta prioritario intercambiar información con los demás.

Las personas de este signo también consideran importante adquirir conocimientos. Los geminianos se refugiarán en las actividades intelectuales para evitar conectarse con sus propios sentimientos.

Es conveniente que no solo hablen por el placer de hablar, sino que también intenten llevar a cabo una comunicación constructiva que les permita conectarse a mayor profundidad, en especial con sus sentimientos.

Suelen ocultar sus enfados y disimularlos con bromas y comentarios jocosos, hasta tal punto, que para el otro puede resultar difícil distinguir cuándo Géminis está realmente enfadado.

Aunque saben guardarse sus sentimientos, en algún momento su lengua afilada los traicionará. Cuando esto ocurra, bombardearán a los demás con palabras y argumentos de todo tipo.

Prefieren no expresar abiertamente su ira, pero si tienen que defenderse, lo harán valiéndose de todo tipo de respuestas con las que saldrán airosos. En estos intercambios, pueden mostrarse fríos y crueles.

HERIDAS

Se sienten heridos cuando son sarcásticos con ellos. Esta forma de burla les causa un profundo daño, sobre todo si el golpe verbal se da de forma inteligente y resulta certero. Ante esta situación, los geminianos se sienten acorralados y sin salida. Los comentarios sarcásticos tienen la capacidad de dejarlos fuera de combate.

Más allá de las heridas provocadas por otros, también están las propias limitaciones. A los nativos de este signo les cuesta mucho comprometerse, por ejemplo, con una pareja o con amistades íntimas, así que este sería un buen objetivo para ellos: dejarse llevar un poco más para que sus relaciones crezcan y no se estanquen.

Para superar los obstáculos y alcanzar sus metas, cuentan con una gran versatilidad para adaptarse a distintas situaciones y salir airosos de ellas.

DEPORTES

Desde muy pequeños, los geminianos tienen muchos intereses y *hobbies*, así como también probarán varios deportes hasta encontrar el que más les guste. En especial, se sienten atraídos por las competiciones en equipo, mientras que no suelen destacar en los deportes extremos por su excesiva impaciencia.

Como se aburren con facilidad, las disciplinas donde se repiten los mismos movimientos no son las que más disfrutan y van a preferir las rutinas de ejercicios.

En general son muy ágiles y flexibles, y la falta de ejercicio puede llevarlos a sufrir desórdenes en el sistema nervioso.

Los deportes más apropiados para ellos son el kárate, el voleibol y el patinaje artístico. Los deportes a evitar son el *hockey*, el *rugby* y los que implican mucho tiempo de espera, como el golf.

MIEDOS

Si hay algo que asusta a los nativos de este signo es tener que tomar partido, es decir, decidirse por una sola cosa y desechar el resto de las alternativas que se les presentan. No es extraño, entonces, que ante estas situaciones se los vea molestos y nerviosos. Cuando se les presentan muchas opciones, es fácil que se dispersen y pierdan el hilo de lo que les están proponiendo.

Otra cosa que los asusta es sentir que necesitan a otra persona. Esto resulta toda una fuente de miedo y estrés porque quieren verse como seres independientes y sin ataduras emocionales.

Su principal fobia es la decidofobia, que es el miedo exagerado a la toma de decisiones. Su origen puede estar en el miedo a equivocarse, a asumir responsabilidades y luego tener que lidiar con las consecuencias.

SENTIDO DEL HUMOR

Los geminianos son muy ocurrentes en sus comentarios. Son los eruditos del humor. Sus bromas demuestran su inteligencia; pueden utilizar un humor sutil en determinadas situaciones y otro un poco más picante, que incluso puede fastidiar a las personas de su entorno, en situaciones donde se sientan cómodos.

Al tener buena memoria y ser creativos, también se valen de proverbios y citas cuando quieren deleitar los oídos de su público. El resultado es que los demás recordarán sus bromas y comentarios durante mucho tiempo con una sonrisa.

EL PERDÓN

Las discusiones en las que se ven envueltos suelen provocar-las ellos mismos, ya que no saben mantener la boca cerrada. La mejor forma de conseguir su perdón es hablándoles, ya sea en persona o por teléfono, y teniendo paciencia con ellos. No sirve de nada meterles prisa, ya que no reaccionan bien cuando se sienten presionados para tomar una decisión o dar una respuesta.

De todos modos, los geminianos no suelen hacerse de ro-gar; sobre todo, si la persona que busca su perdón apela a las emociones. Decirle «te quiero» a un geminiano suele ser la mejor manera de que todo vuelva a ser como antes y la pelea quede en el olvido.

Otra opción es enviarles una nota simpática de disculpa o con un chiste que los haga reír. El humor es muy importante para ellos y sabrán valorar que alguien les saque una sonrisa.

LA SOMBRA

Su habilidad para expresarse y su facilidad para la conversación son tanto su luz como su sombra. Podrán conseguir todo lo que se propongan por medio de charlas y diálogos, ya que transmi-ten magia con sus palabras. Pero esa capacidad también puede jugarles en contra. Les gusta estar al tanto de todo lo que ocurre y pueden perder el tiempo husmeando en la vida de los demás, porque les encantan los chismes, pero eso puede distraerlos del momento presente.

Los geminianos son hábiles a la hora de sacar información a los demás, aunque ellos prefieran dar evasivas sobre su intimidad. Tienen tendencia a utilizar a las personas, ya que el oportunismo es otra faceta de su personalidad. Así, suelen priorizar sus necesidades y dejar de lado sus principios éticos y morales para alcanzar sus objetivos.

HÁBITOS

Son propensos a alejarse de situaciones desagradables como una discusión o de temas que no son de su interés. Se levantan y se marchan, y si se quedan, se limitan a guardar silencio.

En esos momentos, su mente se dispersa, se evaden de la situación que los molesta, y de este modo se escapan mentalmente de la realidad. En esto también juega un papel importante el hecho de que muchas personas de este signo son de naturaleza inquieta, y tanto física como mentalmente les resulta difícil controlar dicha hiperactividad y afrontar situaciones que no les gustan.

La falta de atención y de interés a la hora de escuchar son áreas que les conviene mejorar si quieren establecer vínculos más sanos y fructíferos con los demás.

Este signo rige el aparato respiratorio: nariz, garganta, laringe, tráquea, bronquios y pulmones. Las partes del cuerpo que se relacionan con Géminis son: los brazos, los hombros, las manos y los dedos, así como todo el sistema nervioso.

Pueden padecer algunas de las siguientes y patologías: tos, resfriados, enfermedad pulmonar obstructiva crónica (EPOC), bronquitis, asma y problemas articulares.

Geminianos famosos

- Angelina Jolie
- Paul McCartney
- Kanye West

CITAS DE GEMINIANOS FAMOSOS

· JOHN F. KENNEDY

«El éxito tiene muchos padres,
pero el fracaso es huérfano».

«Perdona a tus enemigos,
pero nunca olvides sus nombres».

· MARILYN MONROE

«Si vas a tener dos caras, al menos
haz que una de ellas sea hermosa».

«Una mujer conoce sus límites, pero una mujer
inteligente sabe que no tiene ninguno».

EL PODER DE LAS PALABRAS
(FÁBULA JAPONESA)

Había una vez un samurái que era muy hábil con la espada y también muy soberbio y arrogante. Él solo se sentía valioso cuando mataba a un adversario en un combate y, un día, al llegar a un pueblo vio que la gente acudía en masa hacia una misma dirección. El samurái paró en seco a una de aquellas personas y le preguntó adónde se dirigían. El hombre, que seguramente empezó a temer por su vida, le respondió que iban a escuchar al maestro Wei. El samurái quiso saber quién era ese tal Wei, y el pobre hombre le dijo:

–¿Cómo es posible que no lo conozcas, si el maestro Wei es conocido en toda la región?

El samurái se sintió como un estúpido ante el aldeano y observó el respeto que sentía por Wei y no por él. Entonces, decidió que aquel día su fama superaría a la de Wei y por eso siguió a la multitud hasta que llegaron a la enorme estancia donde iba a impartir sus enseñanzas. El maestro era un hombre mayor y de baja estatura, y al ver esto, el samurái sintió de inmediato un gran desprecio e ira contenida.

Wei empezó a hablar:

–En la vida hay muchas armas poderosas utilizadas por el hombre y, sin embargo, para mí, la más poderosa de todas es la palabra.

El samurái sacó su katana, la agitó en el aire y exclamó en medio de la multitud:

—¡Solo un viejo estúpido como tú puede hacer semejante comentario! ¡Esta sí que es un arma poderosa, y no tus estúpidas palabras!

Entonces, Wei lo miró a los ojos y le contestó:

—Es normal que alguien como tú haya hecho ese comentario; es fácil ver que no eres más que un bastardo, un bruto sin ninguna formación.

Cuando el samurái escuchó aquellas palabras, su rostro enrojeció y con el cuerpo tenso y la mente fuera de sí, empezó a acercarse al lugar donde estaba Wei.

—Anciano, despídete de tu vida, porque hoy llega a su fin.

Entonces, de forma inesperada, Wei empezó a disculparse:

—Perdóname, gran señor, solo soy un hombre mayor y cansado; alguien que por su edad puede tener los más graves de los deslices. ¿Sabrás perdonar con tu corazón noble de guerrero a este tonto que, en su locura, ha podido agraviarte?

El samurái se paró en seco y le contestó:

—Naturalmente que sí, noble maestro Wei, acepto tus disculpas.

En aquel momento Wei lo miró directamente a los ojos y le dijo:

—Amigo mío, dime: ¿son o no son poderosas las palabras?

Cáncer

DEL 21 DE JUNIO AL 20 DE JULIO

«Cuando no sepas adónde vas, detente y mira de dónde vienes».

KATHERINE PANCOL

CARIÑOSOS

ÁGILES

NOBLES

CASEROS

EMOCIONALES

ROMÁNTICOS

CÁNCER

- **Símbolo:** cangrejo.

- **Elemento:** agua.

- **Modalidad:** cardinal.

- **Planeta regente:** Luna.

- **Metal:** plata.

- **Color:** blanco.

- **Lema:** yo siento.

- **Características principales:** son personas que suelen protegerse de los demás, pero detrás de este caparazón esconden sensibilidad, ternura y timidez.

- **Palabras clave:** sensibilidad, compasión, rencor, hogar.

- **Intereses:** les interesa el pasado y dedicarán parte de su tiempo libre a leer novelas históricas y a ver series o documentales sobre personajes célebres y temas relacionados que les llamen la atención. También suelen dedicarse a actividades centradas en el hogar, como mantenimiento y decoración.

- **Amor:** tienen una alta compatibilidad con Escorpio, Capricornio y Piscis. Compatibilidad media con Tauro, Cáncer y Virgo. Compatibilidad baja con Géminis, Leo y Sagitario.

- **Desafíos:** aprender a dominar sus cambios de humor, que los hacen pasar por frecuentes altibajos en sus relaciones.

- **Son hábiles para:** asumir un rol de autoridad, tanto en el hogar como en el trabajo.

- **Ocupaciones:** cocinero, arqueólogo, decorador, arquitecto, modista/sastre.

- **Vínculo con el dinero:** muestran una gran voluntad por conseguir la estabilidad material. Son acaparadores y tienden a ser sobrios a la hora de manejar sus finanzas.

- **Partes del cuerpo:** estómago, útero, senos, diafragma, axilas y codos.

- **Regalos:** utensilios de cocina, un álbum con fotos de familia o algo artesanal.

En la mitología griega, Selene era la diosa lunar, hija de Hiperión y Tea. Su equivalente en la mitología romana es la Luna. Selene compartía su vida con Endimión, pastor de Caria.

Se cuenta que una noche, Endimión se refugió en una gruta para descansar tras su arduo día de trabajo.

La noche estaba despejada y Selene paseaba en su carroza por el cielo. La luz de la luna entró en la cueva y Selene pudo ver al joven dormido, del que se enamoró perdidamente. Descendió del cielo y despertó a Endimión con un beso. Toda la cueva se iluminó por la luz de la luna.

Selene subió al Olimpo y le pidió a Zeus que le concediera un deseo a su amado, Endimión.

Este pidió el don de la eterna juventud para vivir su amor por Selene eternamente, y le fue concedido. De su unión nacieron cincuenta hijos.

RASGOS DE PERSONALIDAD

Cáncer es el cuarto signo del zodíaco, primero del elemento agua y de la modalidad cardinal, y está regido por la Luna. Está representado por un cangrejo. Es el signo de la madre, de lo femenino, del hogar y la familia.

Los cancerianos son seres muy emocionales y sensibles. La ciclotimia y el mal humor forman parte de sus vidas.

Tienen un sexto sentido bien desarrollado, lo cual les permite saber qué necesitan y desean las personas a su alrededor.

Los nativos de este signo son sensibles, afectuosos, introvertidos, inseguros, familiares, protectores y tradicionales. Ahora bien, ¿cómo se puede captar su atención? En primer lugar, tienes que estar disponible para el cangrejo y cuidarlo, incluso de forma maternal. Preocúpate y ocúpate hasta de los detalles, ya que de esta manera le brindarás la seguridad que necesita. Su principal meta es tener una relación de pareja estable. Los cancerianos son sensibles y pueden ser heridos fácilmente, en especial si descubren actos de deslealtad por parte de sus seres queridos.

Más aún, pueden adoptar el rol de víctima para alcanzar sus objetivos. De ser necesario, apelarán a su memoria y traerán a colación hechos del pasado. Si necesitan ayuda, podrán utilizar a cualquier miembro de su familia para sumarlo a su causa.

Las «C» que suman

- Comprensión
- Cooperación
- Cuidado
- Confidencia

Las «C» que restan

- Cobardía
- Complejidad
- Caprichos
- Comodidad

DESEOS

A los cancerianos les interesa conocer su historia personal, indagar en sus raíces, y si eso implica bucear en el pasado familiar, bienvenido sea. Son grandes coleccionistas de recuerdos y anécdotas del pasado.

Disfrutan a la hora de conocer e «investigar» a los personajes famosos a través de la lectura de sus biografías.

Les apasiona coleccionar pequeños tesoros e invertir en objetos que les permitan mejorar su patrimonio, ya que siempre consiguen aumentar su valor de reventa.

Sienten un fervor casi religioso por las tareas domésticas y de mantenimiento del hogar, rasgo que se potencia con su gusto por agasajar a familiares y amigos. ¿Y qué mejor formar de recibir a estos que en una casa impecable, con todo limpio y ordenado?

AYUDA DE LA PNL

La clave está en perdonar y perdonarse. Es esencial soltar la culpa y decidir no agobiarse con pensamientos negativos que pueden resultar paralizantes. El perdón permite avanzar en la vida en una dirección positiva. Cuando no nos perdonamos a nosotros mismos, tampoco podemos perdonar a los demás. Es importante tener presente que los errores son oportunidades para aprender y crecer; con esta idea en mente se reforzará la salud física, emocional y espiritual.

La técnica de Programación Neurolingüística (PNL) que puede ayudar al canceriano es la **referencia interna***, la cual le permite centrarse en su propio punto de vista, en su perspectiva hacia el mundo, junto con sus sensaciones. La pregunta del millón que tendrá que hacerse ante cada desafío será: *¿Cómo te sientes con la decisión que quieres tomar?*

....

* Técnica de Programación Neurolingüística por medio de la cual la persona se centra en sus sensaciones, su criterio sobre el mundo y su propio punto de vista. La persona se motiva a sí misma, por lo que no necesita ningún incentivo externo para ello. Si se aplica esta técnica, la persona no será fácil de manipular.

MANEJO DE CONFLICTOS

Los nativos de Cáncer necesitan amor. Si sienten que no lo reciben, expresarán su desagrado con llantos y quejas.

Son complejos, frágiles, imprevisibles y temperamentales. Ante un conflicto se suelen mostrar irritables, insatisfechos y nerviosos. La clave está en que detestan los problemas e intentarán evitarlos de una manera u otra. Para ello, pueden mostrarse evasivos en su manera de expresarse.

Suelen resolver las dificultades ocultando sus auténticos sentimientos, aunque por dentro los carcoma el resentimiento y el enfado.

ODIOS

Los cancerianos detestan cualquier comentario negativo sobre su familia, por mínimo que sea, así como tampoco soportan que critiquen sus capacidades culinarias.

No saben ni pueden atravesar una crisis sin el apoyo de sus amigos íntimos y de sus familiares.

Les disgusta que en una conversación se hable de temas que no entienden, ya que eso les impide participar.

Pero, por encima de todas las cosas, les disgustan las personas que no recuerdan nombres o fechas importantes de acontecimientos familiares, como cumpleaños o aniversarios.

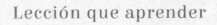

Lección que aprender

El principal desafío es aprender a **resolver los problemas por medio de la integración emocional.** Aprender a reconocer los propios sentimientos y emociones, y atreverse a mostrarlos a otra persona, es un paso para crecer en la vida y ayudarte a sentirte mejor. También, puede resultar útil a la hora de resolver conflictos de forma pacífica, sin gritos ni groserías.

FANTASÍAS SEXUALES

Para los nativos de este signo, el sexo es un vínculo, un compromiso emocional que establece con su amante.

Son muy vengativos y, si perdonan una infidelidad del ser amado, se tomarán mucho tiempo para hacerlo. Está claro que para ellos el sexo no es solo una forma de satisfacción física, sino una unión emocional entre dos almas.

La mujer de Cáncer es muy sensible y nunca dará el primer paso. Su pareja debe acercarse con cuidado y de forma progresiva. Ella es más bien tímida, algo sumisa por naturaleza y desea gustar a su compañero. Los vínculos amorosos aumentan su seguridad como mujer y su autoestima. En ocasiones, ella puede ser susceptible y su temperamento ser imprevisible. El peligro apaga su deseo, por lo que necesita seguridad antes de aventurarse en el terreno amoroso.

El hombre de Cáncer es paciente y, al mismo tiempo, agresivo. Durante el acto se enfoca tanto en satisfacer a su compañera como en recibir placer por parte de ella. Antes que nada, debe superar su miedo al ridículo; cuando haya bajado sus defensas, el canceriano mostrará sus dotes sexuales. La amante de un hombre de este signo debe aceptar sus necesidades de intimidad, y pero también de silencio; necesita tiempo para explorar sus propias emociones en soledad.

La fantasía sexual de estos nativos es mezclar el sexo con el arte de la cocina. La comida es un gran recurso para condimentar la alcoba. Los alimentos que más suelen utilizar son: chocolate, crema, nata y frutas, entre otros.

Son sexualmente compatibles con Escorpio, Cáncer y Virgo.

Sus zonas erógenas son los pechos y pectorales. Esta parte del cuerpo es una de sus áreas más sensibles. Al acariciar, besar o pasar la lengua por ahí, la reacción de placer será instantánea.

COMPATIBILIDADES EN EL AMOR Y EN LA PAREJA

Alta

• **Cáncer – Escorpio:** este vínculo es de una gran intensidad emocional. Tienen mucho en común. Los problemas pueden surgir cuando empiezan a hacerse daño.

• **Cáncer – Capricornio:** relación caracterizada por la tenacidad y la gran fuerza de voluntad. Ambos signos son conservadores y fieles. Cáncer valora la dedicación de Capricornio y este admira la tenacidad del Cangrejo.

• **Cáncer – Piscis:** es una relación muy espiritual. Son tolerantes y serviciales el uno con el otro. Piscis puede enseñarle a Cáncer a valorar la creatividad y a abrirse a la espiritualidad, mientras que Cáncer ayuda a Piscis a plantar los pies más firmemente en la tierra.

Media

• **Cáncer – Tauro:** tienen mucho en común; los dos anhelan seguridad y afecto en las relaciones. Forman un núcleo familiar fuerte. Tauro necesita entender la sensibilidad emocional y Cáncer estar más abierto a las necesidades del otro, en vez de recurrir al chantaje emocional.

• **Cáncer – Cáncer:** cuando la energía canceriana se junta, aparece un vínculo cómodo y beneficioso para ambas partes. El problema empieza cuando se hieren entre sí. Las rabietas y el chantaje emocional no son extraños en esta pareja.

• **Cáncer – Virgo:** la relación es fuerte y práctica, y se basa en el sentido común y en fuertes principios morales. Virgo respeta la fuerza y dedicación de Cáncer, y este aprecia la habilidad de adaptación de aquel.

Baja

• **Cáncer – Géminis:** este vínculo es de una gran complejidad. Para que funcione, precisa mucha paciencia y un deseo genuino de entender al otro. Cáncer puede enseñarle a Géminis a quitar el pie del acelerador y apreciar el mundo que hay alrededor de ellos.

• **Cáncer – Leo:** Cáncer valora la estabilidad; Leo prefiere la atención y la admiración. Aunque ambos signos coinciden en la fidelidad, hay un abismo entre los deseos y objetivos que cada uno tiene en la vida.

• **Cáncer – Sagitario:** pueden aprender mucho el uno del otro, aun cuando parecen tener poco en común. Cáncer admira el espíritu aventurero de Sagitario, y este el apoyo emocional recibido. El conflicto surge porque, mientras que Sagitario tiende a ser un buscador de emociones, Cáncer prefiere la tranquilidad doméstica.

Neutra

• **Cáncer – Aries:** vínculo complicado. Mientras que Aries es apresurado e impulsivo, Cáncer tiende a ser sensible y callado. Aries puede herir a Cáncer con sus típicas quejas y mal humor. Cáncer, un tanto irreflexivo, se siente aturdido por la personalidad abrumadora de Aries.

• **Cáncer – Libra:** Libra desea conseguir armonía y equilibrio, y en este aspecto puede compatibilizar con Cáncer. Aunque Libra puede acusar a Cáncer de ser sobreprotector.

• **Cáncer – Acuario:** se necesita mucho trabajo y paciencia para lograr una buena combinación de pareja. Cáncer tiene una actitud más emocional hacia la vida, en contraste con el original y excéntrico Acuario. Mientras que Cáncer es introvertido y retraído, Acuario es sociable y le cuesta comprometerse en una relación estable.

FAMILIA

• Padre de Cáncer

El canceriano es un padre que cuida de su familia y siente un gran amor por sus hijos. Es afectuoso y también práctico.

Sufre mucho cuando sus obligaciones diarias lo alejan de sus responsabilidades hogareñas. Confía plenamente en sus hijos y solo los castiga en situaciones excepcionales.

· Madre de Cáncer

Al ser el signo del hogar y de la fecundidad y la maternidad, las madres de este signo llevan adelante su rol de forma natural y con un fuerte compromiso. Por algo son consideradas las «madres gallinas» del zodíaco. Gracias a su intensa naturaleza hogareña, pueden crear un ambiente cálido y apto para la crianza de sus hijos. Sin embargo, su sensibilidad emocional les impide reconocer que no pueden protegerlos de todo y de todos. Tienen intenciones buenas y sanas, pero corren el riesgo de criar a hijos sobreprotegidos que luego podrían ser miedosos e ingenuos.

· Niños de Cáncer

Al ser un signo de Agua, el niño de Cáncer es el más emocional del zodíaco. En dos palabras: llora mucho. Necesita tiempo para aprender a sentirse seguro solo y, hasta que lo consiga, buscará esa seguridad en cada persona que encuentre.

La familia es muy importante para el pequeño canceriano, ya que se nutre de cada integrante del grupo y a todos ellos les exigirá atención y cariño de algún modo.

Un aspecto a destacar es que son niños con una memoria prodigiosa. Pongamos un ejemplo: si un pequeño de este signo se perdiera en un supermercado, aunque solo fuera durante un par de minutos, podría recordárselo a su madre como una señal de rechazo por parte de ella.

Por todas estas razones, necesita crecer sintiéndose seguro, sobre todo dentro de la unidad familiar.

Para resumir, el niño de Cáncer es el gran «hogareño» del zodíaco, por eso es tan afectuoso con los suyos.

· Adolescentes de Cáncer

El adolescente de este signo necesitará que su familia sepa llevarle con tacto, por medio del diálogo y de la comprensión; de este modo podrán ayudarle a vivir esta etapa sin herirse mutuamente todo el tiempo. Hay que aconsejar y discutir sus ideas con ellos de igual a igual. Es necesario estimularlos con delicadeza, pero también con firmeza, a que desarrollen su autoestima, para que los más tímidos y sensibles se conviertan en adultos fuertes y responsables.

Un canceriano en la familia

protección, compañerismo.
a veces establecen vínculos por medio del drama.

AMIGOS DE CÁNCER

Los nativos de Cáncer hacen sentir a sus amigos como si fueran su propia familia: cocinan para ellos, son atentos y los cuidan cuando están enfermos.

En la amistad aportan seguridad y confianza, y se esfuerzan para que los demás se sientan bien. Al mismo tiempo, son bastante misteriosos con sus propios asuntos.

Por su timidez, tienden a dar el primer paso para hacer amistades. Es más, quizá les falte interés por establecer nuevos vínculos. Suelen formar parte de círculos de amistades más bien cerrados y limitados a las personas más importantes de su vida.

MASCOTAS DE CÁNCER

Disfrutan del hogar porque allí se sienten seguros y relajados; dato importante para la familia o persona que adopte una mascota de este signo. No son animales que disfruten de los viajes y los cambios de residencia. Por su naturaleza «casera», protegerán la vivienda de cualquier amenaza mejor que las mascotas de otro signo.

Si estás buscando un animal doméstico adecuado para niños, las mascotas cancerianas son la más apropiadas.

Les encantan los juguetes que son suaves al tacto; sus favoritos son los almohadones bien mullidos. Adoran pasar las horas ahí tirados, tranquilos, sin hacer nada. También les encantan los dulces y esconder cosas. Si les dan una caja o algún recipiente, lo usarán para esconder sus juguetes y otros objetos, ya que son «coleccionistas».

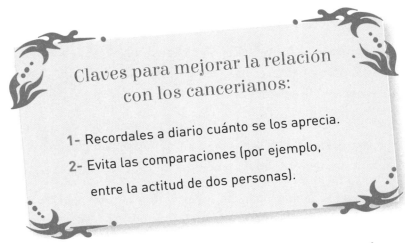

Claves para mejorar la relación con los cancerianos:

1- Recordales a diario cuánto se los aprecia.

2- Evita las comparaciones (por ejemplo, entre la actitud de dos personas).

JEFES DE CÁNCER

Es un error negar o subestimar la capacidad de dominio que tiene el jefe de Cáncer. Es muy exigente, aunque de manera discreta. Espera que sus empleados entiendan sus peticiones e, incluso, que se anticipen a ellas. Los cancerianos quieren que la rutina laboral siga su cauce con fluidez, sin tener que recordar todo el tiempo a su equipo las tareas que deben realizar. Sus principales fortalezas son la discreción y la familiaridad en el trato. A la hora de comunicarse son persuasivos.

LOS *SÍ* Y LOS *NO* EN UNA ENTREVISTA LABORAL

El canceriano debe recordar que está siendo evaluado para un puesto de trabajo. Es importante que mantenga a raya los arrebatos emocionales y evite criticar a empleadores anteriores o a colegas con los que ha compartido tareas.

Cáncer debe contar solamente su experiencia, sin añadir opiniones, mucho menos negativas. En lugar de ello, sería positivo que pusiera énfasis en el compromiso y la responsabilidad para llevar a cabo las tareas del nuevo puesto en caso de ser contratado.

 **siempre sé puntual.**

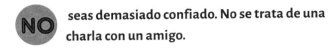 **seas demasiado confiado. No se trata de una charla con un amigo.**

DINERO Y FINANZAS

Los cancerianos tienen una gran necesidad de conseguir la estabilidad material. Los cangrejos del zodíaco son acaparadores y tienden a ser cautelosos con sus finanzas.

Sin embargo, el nativo de Cáncer a veces se deja «ganar» por el mal humor. Esta característica puede jugar en su contra y distraerlo de su objetivo, aunque estos tropezones no son lo bastante graves como para alejarlo de sus objetivos de inversión y de prosperidad.

Muestran un gran sentido de la estabilidad y se sienten cómodos siendo proveedores de las personas que quieren. No son compasivos en los negocios.

Con estas cualidades, inherentes a su personalidad, saben instintivamente cómo buscar inversiones sólidas y generar activos para construir un buen ahorro. Su inversión predilecta son los bienes inmuebles.

Su frase de cabecera es: «Algún dinero evita preocupaciones; mucho, las atrae» (Confucio).

TÁCTICAS DE NEGOCIACIÓN

La estrategia recomendada para los nativos de este signo es enfocarse en la solución y no en el problema, y en todo momento tratar de entender las preocupaciones y necesidades de la persona con la que se está negociando.

Esta conducta es, ante todo, una llave que les abrirá nuevas puertas.

AUTOESTIMA

Los cambios en su estado de ánimo no son una característica que los cancerianos puedan controlar fácilmente. Esto es debido a que su planeta regente es la Luna, lo cual los hace bastante ciclotímicos y nerviosos.

Bajo el símbolo del cangrejo, estos nativos tienen un exterior fuerte y duro, pero por debajo existe una suavidad y ternura que solo unos pocos afortunados pueden apreciar.

Con frecuencia, padecen problemas de autoestima, por arrastrar inseguridades que los vuelven vulnerables frente al mundo.

VACACIONES

Al ser un signo del elemento agua, les gusta descansar en lugares donde haya lagos, ríos o mares. Un destino con playa puede ser una buena opción para ellos. Por ser sentimentales, los cancerianos deben sentir una conexión emocional con el lugar adonde viajen. En este sentido, los territorios ricos en historia son sus favoritos. También disfrutan de cruceros y paseos en lancha.

Destinos y circuitos naturales en el sur de la Argentina, como El Calafate, El Bolsón, el Camino de los Siete Lagos, y los balnearios más familiares de la Costa Atlántica como Pinamar, Miramar y Mar del Plata, son destinos ideales para ellos.

Al ser criaturas de costumbres, se sienten a gusto en los ambientes naturales ya conocidos, así que suelen escoger el mismo destino de viaje más de una vez, ya que todo lo que ya conocen les da confianza.

Por lo general, todos los viajes los planean teniendo en cuenta a su familia, y hasta pueden priorizan los gustos de sus familiares. Si no viajan con parientes, se comunicarán con ellos con frecuencia.

Para este signo, el mejor compañero de viaje es Virgo. Cuando viajan juntos forman un equipo muy práctico y organizado. A ambos les gusta fijarse metas claras con respecto a los gastos.

COMPETICIÓN

Los nativos de este signo compiten sin dar ningún tipo de ventaja al contrincante.

Debido a su perseverancia y gran capacidad de concentración, durante la competición suelen permanecer un buen rato sin hablar demasiado con el otro (por ejemplo, con un compañero de equipo), salvo por el mero hecho para compartir el juego en el que están involucrados.

Pueden mostrar de cara a los demás algo distinto a lo que en realidad sienten, y lo hacen para proteger su vida interior y evitar que les hagan daño.

El cangrejo compite haciéndose fuerte ante los demás, ya que al ser hipersensible, la protección el encierro emocional parece ser su única salida victoriosa.

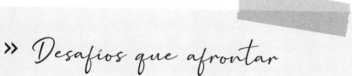

» Desafíos que afrontar

Tiendes a permanecer atado a tu pasado.

Eres una persona dependiente y siempre aceptas cargar con nuevas responsabilidades porque tienes miedo a ser rechazado. Al actuar de esta manera, tus obligaciones aumentarán con el paso de los años. Debes cambiar esta tendencia para **mejorar tu calidad de vida.**

Como se ha dicho, les interesa el pasado, así que en su tiempo libre les gusta leer novelas históricas y también ver documentales y series sobre el origen de países, con la historia de sus pueblos y sus gobernantes.

También dedicarán tiempo a las actividades propias del hogar, como el mantenimiento de la vivienda, la remodelación o la realización de las obras necesarias y, si pueden hacerlo en compañía de su familia, mejor aún.

Les gusta, asimismo, involucrarse en eventos solidarios. Otros *hobbies* son coleccionar y ordenar artículos y *souvenirs*, como tarjetas, cartas, postales, fotos, monedas o recuerdos de países donde hayan viajado.

NECESIDADES EMOCIONALES

A lo largo de su vida, sienten una constante necesidad de afecto, por eso lo exigen todo el tiempo. En este sentido, es conveniente que trabajen para conseguir una base interior de seguridad y autoestima, y así evitar excesos de todo tipo, ya sea de comida, bebida u otras sustancias tóxicas.

Sienten un gran deseo de formar su propia familia. Además, tienen una gran capacidad para conectarse con las necesidades emocionales de los demás, y por eso crean un entorno acogedor a su alrededor. Consiguen que los demás se sientan en un ambiente seguro. Al tener una fuerte necesidad de pertenencia, les resulta difícil adaptarse a los cambios. Como ya se ha dicho, también se conectan muy intensamente con el pasado.

ENFADOS

Es fácil detectar cuándo se enfada un canceriano, porque guardará silencio y se retirará a su propio mundo mientras ignora a la otra persona.

Les cuesta mucho lidiar con la ira y, cuando siente que otro se la provoca, lo ve como una traición a su confianza. Si tiene que hablar para contestar, lo hará con frases cortas y cortantes. Sabrá perdonar en un futuro, pero no olvidará lo que ha pasado y guardará rencor. Este signo tarda en demostrar su ira, pero cuando lo hace, muestra todas las cuentas pendientes, ya sean hechos pasados o actuales.

A veces estas emociones lo superan y le hacen llorar, lo que le hará bajar por un momento las barreras defensivas que ha levantado para protegerse.

HERIDAS

Cuando los lastiman, los cancerianos suelen darse por vencidos y sentirse heridos si se les ignora.

Son personas muy sensibles y es fácil herirlas; por ejemplo, haciéndoles sentir que no importan o mostrándoles que van perdiendo terreno en el ámbito familiar y social.

Son conscientes de la cita que se atribuye al poeta español Antonio Machado: «Todo lo que se ignora, se desprecia».

Al ser personas con alta emocionalidad, son también muy conscientes de sus debilidades. En un primer momento, pueden mostrar escaso interés en los deportes. Sin embargo, tras un período de entrenamiento diario, pueden sentirse atraídos por algunas actividades físicas. Sienten una necesidad imperiosa de seguir el legado familiar en este terreno y conseguir el reconocimiento de su círculo más íntimo. Las irregularidad de su constancia será su mayor obstáculo.

Los deportes más recomendados son el surf, la navegación a vela y el kayak, y los deportes a evitar son el ciclismo y el automovilismo.

MIEDOS

Los nativos de este signo se sienten cómodos en la seguridad que les proporciona el hogar, su grupo de amigos y su familia. Si una persona de Cáncer está fuera de su entorno habitual, puede convertirse en un cangrejo asustado. No les gusta estar lejos de su hogar y de las personas que constituyen su «columna vertebral», aunque en ocasiones estar con ellos pueda convertirse en una pesadilla. No soportan no ser queridos ni valorados.

Los sensibles cangrejos deben aprender a convertirse en su propio sistema de apoyo, a hacer valer sus derechos personales y a no conformarse tan fácilmente. La mayoría teme quedarse sin familia o tener que conformarse con un vínculo familiar débil, de ahí que eviten divorciarse.

SENTIDO DEL HUMOR

Los cancerianos basan su sentido del humor en los hechos. Les gusta hablar en broma sobre ellos mismos y, de esta manera, consiguen llamar la atención.

En ocasiones, recurren al humor ácido, en el que no se distingue del todo si están bromeando o si se trata de críticas encubiertas hacia alguien.

EL PERDÓN

Son rencorosos, por lo que recuerdan con todo detalle cada ofensa, y luego maquinan la venganza correspondiente. Si deseas solucionar el entuerto y continuar con la relación, envíale un regalo caro junto con una carta de disculpa. Espera unos días y, si no recibes respuesta, comunícate para confirmar lo que escribiste. No te sorprendas si no logras las disculpas inmediatamente, Cáncer puede tardar meses en superar un mal trago. Conseguir su perdón precisa paciencia y mucho tacto.

LA SOMBRA

El chantaje emocional es su sombra, parte más oscura y oculta. Cáncer sabe pegar donde duele y bajar la autoestima de los demás si así lo desea.

Al liberar ese lado oscuro, los cancerianos buscan jugar con los sentimientos de otras personas. Pueden ser muy crueles y distantes, y utilizar la frialdad como un medio de protección en cualquier tipo de vínculo.

HÁBITOS

Cáncer necesita satisfacción oral, con lo cual su mayor tentación es la comida. Un exceso pequeño, pero frecuente, puede pasarle factura a su cuerpo, a su salud y a sus niveles de energía. Le conviene buscar otras maneras de distraerse que sean más saludables.

La energía astral les aconseja tener precaución con la ingesta de alimentos, ya que la predisposición a comer de puede convertirse en parte de su rutina.

Las zonas débiles de este signo son el aparato digestivo y también los senos y pectorales.

Las patologías más proclives a padecer son: náuseas, vómitos, digestión lenta, reflujo gástrico, gastroenteritis, indigestión, gastritis, úlcera, hipo y flatulencias.

Cancerianos famosos

- Ariana Grande
- Selena Gómez
- Tom Hanks
- Lionel Messi

CITAS DE CANCERIANOS FAMOSOS

· **PABLO NERUDA**

«Es tan corto el amor y tan largo el olvido».

«Podrán cortar todas las flores,
pero no podrán detener la primavera».

· **ARIANA GRANDE**

«Nunca dudes de ti mismo
ni desperdicies un segundo de tu vida.
La vida es muy corta y eres demasiado
especial».

«Sé feliz siendo tú mismo.
Ama tus imperfecciones. Siéntete orgulloso
de tus peculiaridades. Eres tan perfecto
como cualquier otro, así tal cual eres».

LA FAMILIA FELIZ

(DE HANS CHRISTIAN ANDERSEN)

Había una vez una vieja casa construida junto a un frondoso bosque. Sus habitantes comían muchos caracoles, porque les encantaban. Pero llegó un día en el que se acabaron y tuvieron que dejar de comerlos.

Lo que sí había en el bosque eran muchos lampazos, que son las plantas que comían los caracoles. Y como no había caracoles para comerlas, estas plantas estaban invadiéndolo todo.

Pero no todos los caracoles se habían extinguido. Todavía quedaban dos caracoles blancos, la especie más noble de todos ellos. Eran muy viejos y habían permanecido bien escondidos, lejos de la casa en la que se comían a sus amigos, primos y hermanos.

Un día, los viejos caracoles blancos encontraron perdido a un pequeño caracol común, y lo adoptaron como si fuera hijo suyo, porque ellos no tenían a nadie más y se hacían mayores. Pero el pequeño caracol no crecía. Al fin y al cabo, no era más que un caracol ordinario.

Un día, la mamá caracol creyó observar que su pequeño se desarrollaba, y le pidió a papá caracol que se fijara bien, a ver qué le parecía. El papá caracol confirmó que, efectivamente, el pequeño empezaba a crecer.

Una tarde se puso a llover con fuerza.

—Escucha el *rampataplán* de la lluvia sobre los lampazos —dijo el viejo caracol.

–Fíjate en las gotas de lluvia –observó la madre caracola–. Mira cómo bajan por el tallo y lo mojan. Suerte que tenemos nuestra buena casa, y que el pequeño tiene también la suya. La naturaleza nos ha tratado a nosotros, los caracoles, mejor que a los demás seres vivos, porque tenemos una casa desde que nacemos, y para nosotros plantaron un bosque de lampazos. Me gustaría saber hasta dónde se extiende.

–No hay nada fuera de aquí –respondió el padre caracol–. Mejor que esto no puede haber nada.

–Pues a mí me gustaría ver la casa vieja que hay más allá –dijo la vieja caracola–. Todos nuestros antepasados pasaron por allí, así que debe de ser algo excepcional.

–Tal vez la casa esté destruida –dijo el caracol padre–, o quizás el bosque de lampazos la haya cubierto.

–No seas tan negativo –discutió la madre–. ¿No crees que, si nos adentrásemos en el bosque de lampazos, encontraríamos a alguno de nuestra especie? Nuestro pequeño necesitará una compañera.

–Puede que haya por allí caracoles negros –dijo el viejo caracol–, caracoles negros sin cáscara, que son ordinarios y orgullosos. Podríamos pedirle eso a las hormigas, que siempre corren de un lado para otro, como si tuviesen mucho que hacer. Seguro que encontrarían una compañera para nuestro pequeño.

–Yo conozco a la más hermosa de todas –comentó una de las hormigas–, pero me temo que no hay nada que hacer, pues se trata de una reina.

–¿Y eso qué importa?–dijeron los viejos caracoles–. ¿Tiene una casa?

–¡Tiene un palacio! –exclamó la hormiga–. Un bellísimo palacio hormiguero.

–¡Muchas gracias! –exclamó la madre caracola–. Nuestro hijo no va a ir a un nido de hormigas. Si no tienen otra cosa mejor, hablaremos con los mosquitos blancos, que vuelan a mucha mayor distancia, tanto si llueve como si hace sol, y conocen el bosque de lampazos por dentro y por fuera.

–¡Tenemos esposa para él! –exclamaron los mosquitos–. Allí cerca, en un zarzal, vive una caracolita con casa. Es muy pequeñita, pero tiene la edad suficiente para casarse. Está a cien pasos de hombre de aquí.

–Muy bien, pues que venga –dijeron los viejos caracoles–. Nuestro pequeño posee un bosque de lampazos, y ella, solo un zarzal.

Y enviaron un recado a la señorita caracola, que necesitó ocho días para hacer el viaje. Y se celebró la boda. La pareja recibió como regalo la herencia de todo el bosque de lampazos.

Cuando acabó la fiesta, los viejos caracoles se metieron en sus casas y se quedaron dormidos para siempre. La joven pareja reinó en el bosque de lampazos. Tuvieron muchos hijos, a los que enseñaron prudencia para no ir más allá de sus dominios y así librarse de ser comidos por los habitantes de la casa.

Y allí vivieron felices para siempre, rodeados de todo lo que necesitaban para vivir.

Leo

DEL 21 DE JULIO AL 23 DE AGOSTO

«Aquel que pueda disfrutar
del brillo del sol,
debe renunciar
a la frescura de la sombra».

SAMUEL JOHNSON

L ÍDERES

E NTUSIASTAS

O RGULLOSOS

♌

LEO

- **Símbolo:** león.

- **Elemento:** fuego.

- **Modalidad:** fija.

- **Planeta regente:** Sol.

- **Metal:** oro.

- **Color:** ocre.

- **Lema:** yo quiero.

- **Características principales:** son personas que necesitan la admiración de los demás. Les gusta sentirse imprescindibles. Son muy generosos, histriónicos y llamativos.

- **Palabras clave:** orgullo, rectitud, ambición, dominio, creatividad, reconocimiento, brillo.

- **Intereses:** son organizadores de todo tipo de eventos sociales. Así como disfrutan practicando deportes, también mostrarán creatividad y talento en sus actividades recreativas. Les apasiona ir de compras.

- **Amor:** tienen una compatibilidad alta con Aries, Sagitario y Acuario. Compatibilidad media con Géminis, Leo y Libra. Compatibilidad baja con Tauro, Cáncer y Virgo.

- **Desafíos:** se ponen de mal humor cuando las cosas no salen como ellos quieren.

- **Son hábiles para:** liderar equipos de trabajo y aceptar a las personas por lo que son.

- **Ocupaciones:** política, pedagogía, administración de empresas, finanzas.

- **Vínculo con el dinero:** a los leoninos les encanta derrochar dinero, tanto en ellos mismos a como en sus seres queridos. Son muy generosos.

- **Partes del cuerpo:** corazón, espalda y circulación sanguínea.

- **Regalos:** entradas para un espectáculo, gemelos para camisas, artículos de oro y objetos de lujo.

MITOLOGÍA

entro de la mitología griega, Helios (hijo de Tea e Hiperión) era la divinidad asociada al sol.

Es representado con una aureola ardiente en la cabeza, mientras conduce un carro tirado por cuatro caballos que arrojan fuego. Dichos caballos recibieron nombres simbólicos: Flegonte (ardiente), Aetón (resplandeciente), Pirois (ígneo) y Éoo (amanecer).

Helios tenía su palacio en Oriente, de donde partía con su carro todos los días para recorrer el cielo.

Helios se enamoró perdidamente de Leucótoe, una princesa persa, y empezó a visitarla todas las noches. Hicieron el amor y Clitia, hermana de Leucótoe, celosa porque estaba enamorada de Helios, decidió contarle todo al padre de la princesa. Furioso, el padre decidió enterrar viva a su hija. Helios trató de salvarla mientras sus rayos abrían la tierra, pero fue en vano; él no tenía el poder para revivirla. Así, roció un néctar oloroso sobre el cuerpo de Leucótoe, que se derritió y evaporó sobre la tierra, y de allí surgió una rama de incienso, que hasta el día de hoy se utiliza para perfumar los hogares.

Debido a la envidia y a la decepción por el amor no correspondido, Clitia (la ninfa celosa) se fue marchitando y se convirtió en un girasol, la planta que sigue al sol.

RASGOS DE PERSONALIDAD

Leo es el quinto signo del zodíaco. Pertenece al elemento fuego y a la modalidad fija. Está regido por el Sol.

Está simbolizado por un león, animal que a lo largo de la historia ha sido utilizado para representar a la realeza y en los escudos medievales para distinguir a aquellas personas que tenían poder y prestigio.

Los nativos de este signo son seguros de sí mismos, joviales, sinceros, enérgicos, algo mandones, creativos y de buen corazón. Lo que más los seduce es la diversión.

Sienten que, después de haber vivido lo mejor, ya sea en un vínculo, un trabajo o en cualquier otra cosa, no hay forma de conformarse con menos. Son seres altruistas a los que les gusta compartir su patrimonio.

Son líderes por naturaleza y, en general, tienen buena suerte en lo que emprenden. En ningún ambiente pasan desapercibidos. Aman los placeres de la vida. Les encanta ser admirados y halagados.

Gracias a su personalidad encantadora y magnética les es fácil conseguir lo que desean.

Las «L» que suman

- Liderazgo
- Lealtad
- Lucidez
- Lucimiento

Las «E» que restan

- Especulación
- Egoísmo
- Egolatría
- Engreimiento

DESEOS

A los leoninos les encanta dar consejos en todo momento y lugar, ya que también son generosos con su sabiduría. Son exigentes con sus afectos; van a querer que los demás, o por lo menos las personas de su círculo íntimo, sean leales; de lo contrario, prefieren que se alejen.

Necesitan tomar riesgos para ser felices; les gusta vivir situaciones que les libere adrenalina. Su gran debilidad son los halagos. Si reciben un cumplido, pueden bajar las defensas y mostrar su lado más tierno y cariñoso.

AYUDA DE LA PNL

La Programación Neurolingüística te ayuda, a través de distintas técnicas, a que cambies las creencias que tengas sobre ti mismo y te conecte con tu auténtico yo. De esta manera, aumentarás también tu potencial.

A través de la PNL, los leoninos pueden (y les conviene) aprender a reconciliarse con su propia compañía, es decir, conseguir ser ellos mismos. La autenticidad es la base para que puedan ser coherentes con lo que piensan, dicen y hacen.

MANEJO DE CONFLICTOS

Solo entran en conflicto con otra «potencia», es decir, con otra persona a la que también consideren un número uno. En una discusión, sienten la necesidad de exigir y se encaprichan como si fuesen niños. Cada vez que reaccionan, lo hacen para marcar su territorialidad. Nunca insultes a un leonino ni lo avergüences delante de los demás, porque te arrepentirás de ello.

Los nativos de este signo no guardan rencor; por el contrario, perdonan fácilmente y siguen su camino. Suelen resolver los problemas con acciones rápidas.

ODIOS

Las personas de Leo odian sentir dolor físico y, si no lo pueden evitar, harán todo lo posible para tratar de superarlo. Otra cosa que detestan es cualquier tipo de engaño. Tampoco soportan que los demás se rían de ellos mediante bromas o burlas. Condenan, sin piedad, la vulgaridad y la desidia. Las personas que se quejan a menudo y hacen comentarios en momentos inoportunos son apartadas de su círculo de amistades y conocidos. Pero, por encima de todo, rechazan la falta de honestidad.

Lección que aprender

La clave está en **reconocer el sentimiento de culpa que hay dentro de ti.** Recuerda que la culpa que no aceptas puede carcomerte la conciencia día y noche. Es importante que comprendas que **no se puede cambiar el pasado,** pero sí se puede aprender de él y utilizar esas experiencias como herramientas para el cambio.

FANTASÍAS SEXUALES

Son seres muy fogosos y a quienes les gusta tomar el mando de los encuentros íntimos. Ellos inician la relación y encienden la llama de la pasión. A los amantes de Leo les gusta explorar los placeres del sexo. Para conquistarlos, nunca hieras su ego; por el contrario, llenarlos de alabanzas será el camino adecuado para seducirlos y enamorarlos. En la cama, son histriónicos y les gusta llamar la atención.

Son personas que se conectan con su deseo. Les gusta dominar a través de la actuación, y se sienten orgullosos de su gran agilidad en el sexo. Son exhibicionistas y tienen una necesidad constante de reconocimiento ajeno.

La mujer de Leo nunca se someterá. Es una de las amantes más apasionadas y experimentadas, y lo refleja en sus gustos sexuales. Le gusta vestirse con ropa interior sexi y provocativa.

El hombre de Leo necesita el sexo tanto como respirar. En la intimidad, demuestra su potencia sexual, marca su territorio e impone sus propias reglas. Recuerda tratarlo como a un rey, te lo compensará con creces.

La fantasía recurrente para este signo es el exhibicionismo o el *voyeurismo*; les fascina observar a personas desnudas y presenciar encuentros sexuales en vivo y en directo.

Los leoninos siempre buscan la admiración del sexo opuesto, ya que anhelan que vivan alrededor de ellos y de sus necesidades. Necesitan ser halagados constantemente. En caso de participar de un triángulo amoroso, por ejemplo, su mayor interés será convertirse en el centro de atención. Cuando están en pareja exigen y piden mucha atención.

Su zona erógena es el área del pecho y la espalda.

Son sexualmente compatibles con Sagitario, Libra y Aries.

COMPATIBILIDADES EN EL AMOR Y EN LA PAREJA

Alta

• **Leo – Aries:** esta combinación se caracteriza por una constante fricción, aunque es sana y en algunos momentos puede llegar a los intercambios verbales. Ambos signos son complejos y dinámicos, y el espíritu de competitividad que comparten puede llevarlos a excederse. El punto fuerte de la relación es la admiración genuina que tienen el uno por el otro.

• **Leo – Sagitario:** ambos disfrutan de una vida dinámica y activa, con respeto y admiración hacia el otro. Los dos signos son carismáticos y forman una pareja que es popular en su entorno. Leo es dominante y sociable, y tiende a estar en grupo, porque disfruta de ser el centro de atención. Sagitario, en cambio, es más tranquilo y se toma su tiempo para conseguir lo que quiere.

• **Leo – Acuario:** juntos forman un equipo sólido, aunque deben evitar competir entre ellos. Al ser signos compatibles entre sí, esto les permite ser grandes amigos, además de pareja. A los dos les atrae la novedad y lo exótico. Leo admira la visión de Acuario, mientras que este aprecia el carisma y la dignidad de Leo.

Media

• **Leo – Géminis:** entre ellos se suele establecer un vínculo alegre y juguetón. Ambos poseen una actitud optimista y esperanzada ante la vida, y se llevan muy bien. Géminis es un pensador nato y prefiere la ruta intelectual para la exploración, mientras que Leo es un «hacedor» y prefiere experimentar.

• **Leo – Libra:** tienen un vínculo cooperativo y de compromiso mutuo. Son muy transparentes en sus sentimientos hacia el otro. Libra es indeciso y vacilante. Al ser más firme, Leo puede ayudarlo a tomar decisiones. También lo llevará a ser más relajado y espontáneo.

• **Leo – Leo:** forman una combinación insuperable y de una gran sintonía. Ambos son muy populares y les gusta ser el centro de atención, con lo cual su vida social suele ser muy rica. Es una relación donde cada parte sabe satisfacer su necesidad de atención constante.

Baja

• **Leo – Tauro:** los dos signos son ambiciosos, pero tienen objetivos distintos. Leo desea fama y fortuna, mientras que Tauro busca seguridad y estabilidad. Leo busca sobresalir y Tauro no siempre puede seguirle el ritmo debido a sus celos y a su posesividad.

• **Leo – Cáncer:** establecen un vínculo intenso que tendrán que trabajar para poder seguir juntos. En lo emocional dependen uno del otro; necesitan apoyo y cuidado de manera permanente, algo que no siempre la otra parte puede brindar.

• **Leo – Virgo:** tienen poco en común; Leo es llamativo y dominante, mientras que Virgo es reservado e introspectivo. Si trabajan sus diferencias, Leo puede ampliar el horizonte de aspiraciones de Virgo, aunque sea incapaz de entender la obsesión por la perfección de este último.

Neutra

• **Leo – Escorpio:** juntos son dinamita; forman una combinación explosiva que produce encuentros vigorosos. Escorpio busca ser respetado y necesitado, mientras que Leo quiere ser agasajado y felicitado. Los dos tienen personalidades fuertes y funcionan de maneras muy distintas a nivel mental. Si hacen un esfuerzo, las diferencias pueden moderarse.

• **Leo–Capricornio:** forman una unión neutral. Hay momentos en los que cada uno es una fuente de inspiración para el otro, y momentos en los que parecen ser totalmente distintos. Leo delega responsabilidades que Capricornio no siempre cumple con eficiencia.

• **Leo – Piscis:** Piscis tiene un intenso deseo de amar y ser amado, y Leo se siente sobrecargado por esta necesidad. El leonino protege al dócil pisciano y lo motiva para que tenga más ambición. Los desacuerdos entre ellos pueden solucionarse.

FAMILIA

· Padre de Leo

Es un padre afectuoso y divertido, y posee una dosis saludable de autoridad. Siente que la educación de sus hijos es su responsabilidad. Sus enfados son intensos, pero breves. Es optimista, emprendedor, generoso y siempre motiva a sus hijos para que alcancen sus metas.

· Madre de Leo

Su sentido de lealtad le impide descuidar a sus pequeños; quiere lo mejor para ellos. De infinita generosidad, siempre da prioridad a los demás. Le gusta que le reconozcan sus méritos. Tiene buen humor. Se dedica mucho a su familia y a sus obligaciones. Posee dotes artísticas y disfruta de los eventos sociales. Desea que sus hijos se dediquen a una profesión rentable y de prestigio.

· Niños de Leo

Es el tipo de niño que, en caso de no ser escuchado, se hará oír igualmente. Buscará ser el centro de atención de forma constante, haciéndoles saber a todos lo que él quiere. Con un pequeño leonino como parte del clan, la vida familiar girará alrededor del niño. Adora ser admirado y se debe a su público. Es muy competitivo y sociable, y demuestra un gran amor por la vida. Si dependiera del pequeño leonino, pasaría horas divirtiéndose con sus pasatiempos favoritos. Suele expresar sus emociones y estados de ánimo a través de la mirada. Hay que aprender a descifrarla, y así se podrá establecer un excelente vínculo con estos niños. Atención, padres: demasiada disciplina lo hará sentir incómodo y poco querido. Carismático y creativo, el niño de Leo es el gran rey del zodíaco.

· Adolescentes de Leo

Necesitan ser amados y abrazados. Al disciplinar a tu hijo/a adolescente de este signo, no olvides que es un individuo muy orgulloso y necesita a una figura de autoridad que lo mantenga a raya. Los años de la adolescencia son especialmente difíciles para los leoninos y necesitan el apoyo familiar hasta encontrar el camino correcto. El principal objetivo es que sean más independientes y de este modo abandonen su lado exigente y reafirmen su individualidad.

Un leonino en la familia

 satisfacción, sentido de pertenencia, generosidad.
complacencia, infantilismo.

AMIGOS DE LEO

El leonino necesita a sus amigos como si fueran su «público» y su mayor problema lo tiene con las amistades más profundas, debido a su necesidad de ser siempre «la estrella». Sin embargo, cuando tienen un vínculo de auténtica amistad, esta dura para siempre y son totalmente fieles. Son seres sociales y entusiastas, y les gusta tener gente a su alrededor. Además, son muy carismáticos y poseen un temperamento apasionado. No toleran la discordia y su mayor defecto es el orgullo.

MASCOTAS DE LEO

Estos animalitos disfrutan de ser el centro de atención, tanto como los humanos del mismo signo. Adoran ser acariciados y tratados como reyes. Si no puedes prestarles demasiada atención, al menos intenta que estas mascotas tengan un lugar privilegiado dentro del hogar, como una cama, un sillón o un almohadón grande y cómodo donde puedan sentirse parte de la familia. Son mascotas exigentes que buscan atención y juegos. En este sentido, si un invitado tiene más empatía con ellos que tú, estos pícaros animales acabarán jugando con ellos y te ignorarán a ti, casi como si fueran niños caprichosos.

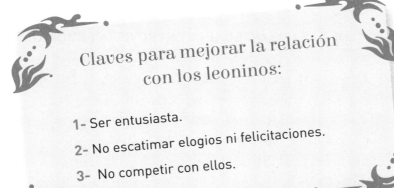

Claves para mejorar la relación con los leoninos:

1- Ser entusiasta.

2- No escatimar elogios ni felicitaciones.

3- No competir con ellos.

JEFES DE LEO

Los leoninos se regocijan de asumir puestos directivos en las empresas. Son la autoridad personificada, eso no se cuestiona. Intentan ser justos con la retribución monetaria, las condiciones laborales y las oportunidades que dan a empleados.

Los jefes de Leo se enorgullecen de su trabajo y buscan el reconocimiento de sus superiores. Valoran la eficiencia y el compromiso de sus empleados. Sus principales fortalezas son la generosidad y el respeto. Su estilo interactivo es abierto; sus puertas están abiertas para escuchar a quien lo necesite. Prefieren enterarse de las cosas que les ocurren a las personas de su equipo de boca de ellos mismos que hacerlo por personas ajenas al «círculo de confianza».

LOS *SÍ* Y LOS *NO* EN UNA ENTREVISTA LABORAL

Los leoninos deberán dejar que los entrevistadores demuestren que tienen el mando en la conversación. En este sentido, les conviene no interrumpir y no exagerar en las respuestas. No es necesario que mientan para impresionar a nadie. La autoridad natural y la calidez son los rasgos más destacados en Leo, pero su deseo de estar bajo los focos puede enturbiar sus cualidades. Entre sus fortalezas, habría que mencionar la lealtad al trabajo y la creatividad.

Consejo: Recordar que el interés está puesto en lo que podrían aportarle a la compañía, no en lo que esperan que la empresa les brinde.

 permite que el brillo de tu personalidad sea genuino.

 permitas que tu ego quede al descubierto en la entrevista.

DINERO Y FINANZAS

Los leoninos aman gastar dinero en ellos mismos y en sus seres queridos, ya que son muy generosos. Tienen una habilidad natural para captar la atención de los demás y generar confianza en sus proyectos financieros. Al ser un signo del elemento fuego y cuyo planeta gobernante es el Sol, las posibilidades de éxito financiero de estos «leones» son altas. Además, tienen potencial para aconsejar a quien planea tomar decisiones financieras importantes.

Su frase favorita es la de Oliver W. Colmes, un antiguo juez de la Corte Suprema de los Estados Unidos: «No pongas tu interés en el dinero, pero pon tu dinero a interés».

Cuando todos están preocupados por alguna mala racha, los leoninos festejan, porque saben sacar ventaja de cualquier situación, incluso de los reveses económicos y financieros. Las inversiones más apropiadas para ellos son los metales, especialmente el oro.

TÁCTICAS DE NEGOCIACIÓN

Para conseguir lo que desean, los nativos de este signo tienen la habilidad de enfocarse solo en lo positivo, aunque de esta manera arriesguen mucho. La táctica estratégica a utilizar con ellos es mantener la integridad en todo momento. Para Leo, un acuerdo oral es un contrato a honrar. Ser personas de confianza en los negocios y en todas las facetas de sus vidas es importantepara ellos, ya que así se sienten útiles y les resulta más sencillo materializar sus proyectos.

AUTOESTIMA

Están muy interesados en su apariencia. Demuestran ser seguros y capaces, y gracias a sus diversos talentos, logran crecer en lo que se propongan. Son bastante proactivos para conseguir lo que quieren. Por lo tanto, no tienen mayores problemas con su estima.

VACACIONES

Por pertenecer al elemento fuego, los leoninos aman el *glamour* de visitar ciudades importantes. Así es como siempre se sienten merecedores de unas vacaciones lujosas. Cuando planean sus viajes, no tienen límites. No debería sorprendernos si quieren viajar en primera clase, más aún, si ya lo hicieron antes.

Uno de sus pasatiempos favoritos son los juegos de azar, por lo tanto, si la ciudad escogida tiene casino, mucho mejor. Como en el fondo son infantiles, unas vacaciones divertidas con juegos y personajes para niños sería una alternativa ideal. Otra opción son los complejos *all inclusive*, ya que les gusta ser tratados y atendidos como reyes.

El mejor compañero de viaje para un leonino es de Libra. Ambos mantienen la distancia perfecta que les permite entenderse muy bien y balancear los deseos y necesidades de cada uno. Cuando se funde la energía de Leo con las habilidades sociales de Libra, logran un nivel de compatibilidad tan alto que querrán realizar más viajes juntos.

Las ciudades leoninas argentinas son: Buenos Aires, Córdoba capital, Mendoza capital y Puerto Iguazú.

COMPETICIÓN

Son astutos y buscan competidores a quienes sepan, con seguridad, que podrán vencer. Ellos compiten a través de su fuerte sentido de identidad y autoridad. No usan golpes bajos para molestar a sus contrincantes. Deben aprender a ganarse la admiración de los demás a través de sus habilidades y no por dominar a sus competidores.

» Desafíos que afrontar

Encara los problemas de la vida con tenacidad, comprometiéndote a luchar todo lo que haga falta. **Confía en ti;** no olvides seguir tu instinto y así conseguirás superar todos los obstáculos y destacarás entre la multitud. **No te dejes llevar por los halagos.** Tu trabajo diario es, en definitiva, lo que te guiará hacia la meta.

OCIO

El leonino es el organizador por excelencia de eventos sociales. Le apasiona ir de compras; la indumentaria y los artículos de joyería son dos rubros que este signo disfruta a pleno. No es lo único; suele amar el teatro y poseer dotes histriónicas. Además, como se dijo, le gustan los deportes y mostrará creatividad y talento en el resto de sus actividades recreativas.

NECESIDADES EMOCIONALES

El nativo de este signo tiene una gran necesidad de sentirse amado y valorado. Para equilibrar la energía no solo debe amar a los demás porque lo aman, sino porque lo siente así. Consejo: Evitar buscar la reciprocidad. El leonino debería dar sin esperar nada a cambio.

Es un signo que también tiene un gran deseo de admiración y, sobre todo, de reconocimiento. Le cuesta mucho sentirse «uno más», es decir, sentir que no destaca entre el grupo.

ENFADOS

Aborrecen las discusiones en público. Al ser orgullosos, no se dejarán dominar por la ira y el enfado delante de los demás. Se controlan bien en situaciones de estrés. La manera más rápida de encolerizarlos es exigirles algo que habrían hecho de buena gana si no se lo hubieran pedido. Si la exigencia se hace de esta manera, los leoninos no sabrán controlar su vanidad y serán capaces de negarse. Dentro de su mente, se consideran los seres más importantes del universo y no se les puede exigir nada.

HERIDAS

Necesitan imponer orden y disciplina, es decir, sienten la necesidad de dar órdenes. Por eso, uno de los grandes desafíos de la vida de los leoninos es aprender a resolver los problemas que derivan de este autoritarismo. Los obstáculos pueden superarse desarrollan su poder personal de una manera sana para ellos y para su entorno, y si pueden demostrar su generosidad, no solo material, sino también espiritual.

Los nativos de Leo se sienten heridos cuando los demás son ingratos con ellos. Si los hieren en su orgullo o su dignidad es pisoteada, no olvidan rápido. Cuando se critica su ego, que es su protección, se sienten desprotegidos y fuera de lugar.

DEPORTES

Las personas nacidas bajo este signo se distinguen por su fuerza y resistencia. Desean ser reconocidos como líderes y ganadores en los deportes que hayan escogido. Desde pequeños los leoninos sueñan con conseguir unos resultados excelentes dentro de la disciplina que practican y, si empiezan a entrenar en su deporte favorito a temprana edad, tendrán la oportunidad de alcanzar grandes éxitos. Con mucho entrenamiento, logran unos resultados excelentes.

Les gustan más los deportes individuales, que en equipo. Utilizan cualquier situación para satisfacer su propia autoestima y provocar más admiración.

Los deportes más apropiados son el boxeo, el tenis y el *paddle*, y los deportes que deben evitar son el balonmano y el montañismo.

MIEDOS

Los leones del zodíaco adoran ser el centro de atención, y así recibir muchos halagos de los demás. Por eso, cuando tienen miedo pueden «exagerarlo» con su histrionismo. A pesar de que la diversión, la creatividad y el romance son sus puntos fuertes, en ocasiones la energía saturnina los limita y no les deja ser espontáneos, lo cual puede ser un gran error.

La principal fobia de los leoninos es la atazagorafobia, que es el miedo exagerado a ser olvidado o ignorado.

SENTIDO DEL HUMOR

El humor de Leo está basado en cuentos y bromas inocentes. En este sentido, suelen ser muy buenos para contar chistes para niños, donde se sienten a sus anchas. Es un tipo de humor apto para todas las edades, y que a los leones del zodíaco les permite alcanzar su objetivo: ver dibujada una sonrisa en el rostro ajeno.

EL PERDÓN

Si ofenden a alguien, será por error, ya que no les gusta agredir a nadie, en especial porque se avergüenzan con facilidad. Además, como suelen ser egocéntricos y orgullos, detestan pedir disculpas. Si son ellos quienes reciben una ofensa, lo viven de forma muy distinta. Si tienes un problema con un leonino, la mejor forma de superarlo y seguir adelante es hacer como si nada hubiese pasado, restarle importancia a lo ocurrido. Si eso no funciona, puedes bromear al respecto y, mejor aún, intentar organizar algún plan en el que se sienta el centro del universo.

LA SOMBRA

La tiranía es su lado oscuro. Los leoninos son dictatoriales. Sienten que todo les pertenece; las vidas y los gustos ajenos son suyos, porque en la mente de Leo, todo forma parte de su propio mundo, donde es el rey. Su lado oscuro los hace insensibles y les impide valorar el mérito ajeno. Están tan preocupados por su individualidad que no pueden ni quieren prestar atención a los demás.

HÁBITOS

Les encanta alardear y adularse a sí mismos en público. En cierto modo es lógico; son creativos, ingeniosos y encantadores, por eso siempre están tentados de demostrarlo ante quien sea. En realidad, esta necesidad se basa en su gran inseguridad. Los astros les aconsejan dejar de lado el egocentrismo y aprender a mirar a su alrededor. De esta manera, lograrán la humildad que necesitan.

SALUD

El sistema circulatorio en general, el corazón y la zona lumbar son las partes del cuerpo que se relacionan con este signo.

Las patologías que podrían padecer son: palpitaciones, arritmias, infartos, accidente cerebrovascular (ACV) y afecciones hereditarias.

Leoninos famosos

- Demi Lovato
- Shawn Mendes
- Daniel Radcliffe

CITAS DE LEONINOS FAMOSOS

· Emanuel («Manu») Ginóbili

«Todo lo que logré fue una catarata de casualidades: buena fortuna, carácter innato y competitividad que yo no elegí».

«Lo más importante no son los campeonatos. Lo más importante son las historias, las experiencias, los amigos, el aprendizaje de los buenos y de los malos momentos».

· Daniel Radcliffe

«No me iba bien en la escuela, al punto de no servir para nada».

«Hay cosas horribles pasando en el mundo como para preocuparme por ser reconocido».

LA LÁMPARA Y EL ESTUDIANTE

(FÁBULA DE ESOPO)

Hace mucho tiempo, en una noche muy oscura, un estudiante se preparaba para hacer sus tareas, y dijo:

—Llenaré de aceite mi lámpara y la encenderé para empezar mis trabajos.

Cuando lo hizo, su lámpara brillaba con muy buena luz en la oscuridad, y esta le dijo al joven:

—Observa cómo irradia mi luz, amigo. Es más resplandeciente que el mismísimo Sol.

Mientras la lámpara seguía alardeando, vino una fuerte ráfaga de viento que apagó al instante su luz. El estudiante, que vio todo lo sucedido, volvió a encender la lámpara y le dijo:

—Déjate de decir tonterías y dedícate a alumbrarme como de costumbre. Y no olvides que el fulgor de las estrellas jamás se apagará.

MORALEJA: Más vale sencillez y decoro, que mucho oro.

Virgo

DEL 24 DE AGOSTO AL 20 DE SEPTIEMBRE

«*Por cada minuto dedicado a la organización, se gana una hora*».

BENJAMIN FRANKLIN

V ULNERABLES

I NGENIOSOS

R ESERVADOS

G ENUINOS

O BEDIENTES

VIRGO

- **Símbolo:** virgen.

- **Elemento:** tierra.

- **Modalidad:** cambiante.

- **Planeta regente:** Mercurio.

- **Metal:** mercurio.

- **Color:** beige.

- **Lema:** yo sirvo.

- **Características principales:** son personas detallistas, críticas y sarcásticas, irónicas. Viven analizándolo todo porque son demasiado perfeccionistas.

- **Palabras clave:** trabajo, selección, análisis, modestia, limpieza.

- **Intereses:** es raro ver a un virginiano sin hacer nada, pues prefieren estar ocupados. Les gusta estimular su mente con la lectura, la escritura y el aprendizaje de idiomas, así como con búsquedas en Internet sobre temas de su interés.

- **Amor:** tienen una alta compatibilidad con Tauro, Capricornio y Piscis. Compatibilidad media con Cáncer, Virgo y Escorpio. Compatibilidad baja con Leo, Libra y Acuario.

- **Desafíos:** superar los complejos e inseguridades que suelen tener por su afán perfeccionista.

- **Son hábiles para:** analizar detalles y descubrir errores con suma facilidad.

- **Ocupaciones:** médicos, enfermeros, farmacéuticos, estadistas, bibliotecarios, archivistas y técnicos en Recursos Humanos.

- **Vínculo con el dinero:** tienden a ahorrar y a pedir descuentos en aquello que compran.

- **Partes del cuerpo:** los intestinos, el bazo, el colon y las uñas de manos y pies.

- **Regalos:** un día de spa, un set de jabones, cremas, utensilios de afeitado, perfumes, baños de espuma. Cualquier artículo relacionado con la limpieza siempre será bienvenido.

strea era la diosa virginal que llevaba los rayos de Zeus en los brazos. Era hija de Zeus y Temis. Su madre representaba la justicia divina y ella personificaba la justicia en el mundo de los humanos.

Durante la guerra de los Titanes, Astrea fue aliada fiel de su padre. La recompensa por su lealtad fue conservar su virginidad y también se le concedió un lugar entre las estrellas, donde representaba a la constelación de Virgo.

Se la representa como una diosa alada con una aureola brillante; en una mano lleva una antorcha y en los brazos porta los rayos de Zeus.

RASGOS DE PERSONALIDAD

Virgo es el sexto signo del zodíaco. Pertenece al elemento tierra y es de modalidad cambiante. Está regido por Mercurio, como también lo está Géminis.

Los nativos de este signo son responsables, inteligentes, críticos, lógicos, analíticos y minuciosos.

También son estudiosos y poseen una gran capacidad de análisis y de rigor que utilizarán en cualquier tarea que emprendan. Al ser tan ordenados y detallistas, pueden destacar en temas complejos y en desafíos intelectuales.

Al ser muy crítico, Virgo suele examinar al otro todo el tiempo. Por este motivo, para acercarte a un virginiano, tienes que estar dispuesto a pasar algunas «pruebas», antes de que pueda mostrar algún interés en ti.

En segundo lugar, hay que entender que es un signo muy perfeccionista, y para ellos no es un rasgo más de la personalidad. El perfeccionismo es una necesidad, una forma de ver la vida, es decir, no saben moverse por la vida sin ser perfeccionistas. De ahí surge, también, que sean ordenados y limpios.

Por otro lado, son reservados e introspectivos, ya que reprimen sus emociones. En el marco de esta conducta cautelosa a la hora de mostrar sus sentimientos, suelen tomarse su tiempo para formar pareja. Para dar los primeros pasos, deben sentirse seguros de que la otra persona les va a corresponder. Suelen ser personas huidizas y difíciles de retener.

Para los virginianos, la clave está en no juzgarse. Para no caer en la baja autoestima y alcanzar sus metas, deberán trabajar en no autocalificarse, en no ser tan críticos consigo mismos, ya que lo único que les provocará es rechazo hacia sí mismos. Al caer en estas conductas nocivas limitan su potencial para crecer y pensar con detenimiento qué quieren conseguir en la vida y en sus vínculos con los demás. Es un aprendizaje que deberán hacer de manera constante para evitar también la inseguridad.

Las «R» que suman

- Rectitud
- Responsabilidad
- Resistencia
- Reflexión

Las «I» que restan

- Indiferencia
- Ironía
- Inflexibilidad
- Inseguridad

DESEOS

A los virginianos les gusta ser parte de un equipo, aunque también disfrutan de las actividades en soledad. Rara vez aspiran a quedarse con todo el reconocimiento, ya que prefieren tener un papel secundario que les permita verse como «colaboradores». Necesitan sentirse útiles todo el tiempo, pero llevan a cabo sus actos con un perfil bajo. Los nativos de este signo tienden a planear sus asuntos con gran cuidado; el objetivo es alcanzar los resultados mediante el esfuerzo. De esta manera, prestan atención a cada detalle que los dirija a sus metas.

AYUDA DE LA PNL

Los virginianos son personas muy rápidas mentalmente, por eso, necesitan reducir un poco su ansiedad. Un primer paso para lograrlo es bajar el tono de voz, y hablar de manera más pausada. Si no lo logran, sería conveniente que su interlocutor lo hiciera para que ellos puedan imitarlo.

MANEJO DE CONFLICTOS

Detestan los conflictos. Cuando surgen, tienden a absorber la mala energía y se vuelven introspectivos, en lugar de hablar y buscar una solución con la otra persona.

Tienen una mente muy activa, les cuesta detener el pensamiento, y este rasgo de personalidad los suele dejar exhaustos, incluso más que cualquier actividad física.

Su tendencia a criticar puede ser la causante de este tipo de malestar. Deben entender, que a veces, las cosas suceden por razones que desconocen y que no puede controlarse todo.

Ante la aparición de problemas, prefieren no detenerse a analizar la situación y aprender a confiar más en ellos mismos.

Los nativos de Virgo detestan las multitudes, así como tampoco soportan el ruido. No toleran a las personas desobedientes ni con malos modales. También aborrecen la suciedad y el desorden en cualquier situación.

No saben relajarse y dedicar un rato al ocio; sienten que pierden el tiempo si no hacen algo productivo. Son personas muy meticulosas que se molestan por detalles que para otros pasarían desapercibidos. Por ejemplo, si la pasta dentífrica se sale del tubo o si hay cajas sin su tapa o mal cerradas, les resultará muy irritante. El desorden es lo que más rechazan.

Lección que aprender

El gran desafío de tu vida es aprender a no obsesionarte con los detalles, a no ceñirte a tu naturaleza crítica y en a seguridad derivada de rutinas. **Debes aceptar la diversidad, y no solo un orden estricto.**

FANTASÍAS SEXUALES

Los nacidos bajo este signo tienen una gran sensualidad, pero la mantienen oculta por miedo a ser rechazados. Por fuera se muestran tranquilos, pero dentro guardan grandes pasiones que podrían ser despertadas por la persona y el contexto adecuados. Son seres muy delicados y solícitos con su pareja. En ocasiones, se muestran demasiado exigentes, perfeccionistas y reservados.

A los nativos de Virgo les gusta la precisión en su modo de actuar; no malgastan sus energías. Como ya se ha dicho, la de ellos es una energía muy crítica, por lo que tras un encuentro íntimo, analizarán lo que estuvo bien y lo que estuvo mal, aunque quizá se limiten a pensarlo y no lo compartan con el otro. Dan una gran importancia a la higiene y al cuidado personal. Muestran un ritmo sexual lento.

La fantasía de los virginianos es hacer el amor bajo la lluvia, y podría estar relacionada con su obsesión por la limpieza.

Sus lugares favoritos para el sexo son un hospital, el consultorio médico y el baño. Un comentario clásico después de tener sexo es: «Dejémoslo todo limpio e impecable».

Son sexualmente compatibles con Virgo, Capricornio y Cáncer.

El hombre de este signo se esfuerza por alcanzar la excelencia en cada área de su vida, incluido el sexo. Es proclive a señalar y dar importancia a los errores de su amante. El erotismo, para él, es mental en gran parte. Es tan reservado que prefiere un comienzo frío y progresivo a un arranque pasional.

Su apetito físico es bastante tradicional. El varón de Virgo prefiere plantear todos los detalles de su fantasía con antelación. Él sabe lo que a una mujer le gusta y hará las cosas con calma. La mujer que quiera hacer cosas nuevas con un virginiano deberá ser muy clara respecto a sus deseos y fantasías para conseguir un cambio en el estilo del otro.

Al principio de cualquier relación, los virginianos son introvertidos, pero una vez que se enamoran muestran sus sentimientos sin la vergüenza que los caracteriza. Sin embargo, tienen un lado oculto que no les permitirá revelar toda su personalidad. Es casi imposible para Virgo comprometerse en cuerpo, mente y alma con alguien, sin embargo, la infidelidad solo será una opción para ellos si tienen la certeza de que su relación no funciona.

La mujer de Virgo resulta atractiva por ser modesta, pero también algo distante. Ese misterio que parece rodearla hace que los hombres la vean como un desafío. También es muy práctica y, aun así, es una amante afectuosa. Cualquiera que intente apresurarse en la relación, la asustará. Ser paciente es lo primero que debe haber en la lista de quien quiera convertirse en amante de una virginiana.

Esta mujer nunca exagerará su placer sexual. No concibe el sexo solo como una satisfacción física; debe haber otros ingredientes que lo condimenten. Se excita con una estimulación lenta y es muy femenina.

Su zona erógena es la parte baja abdominal. Las virginianas reaccionan al instante cuando se roza y estimula dicha zona con la lengua o los dedos. Sigue besando el ombligo y sus alrededores, y pronto verás los resultados.

COMPATIBILIDADES EN EL AMOR Y EN LA PAREJA

Alta

• **Virgo – Tauro:** el vínculo entre ellos crece y madura con el paso del tiempo. Aunque pueden perturbarse de vez en cuando, mantienen de forma permanente un fuerte lazo sentimental en el que destaca el sentido común. Tienen ideales y valores firmes.

• **Virgo – Capricornio:** mantienen una relación pragmática y equilibrada. Ambos son racionales e inteligentes y esperan mucho del otro. Sin embargo, disfrutan de su mutua compañía sin más. Ninguno se exalta demasiado, y son más bien conservadores en su modo de actuar. Virgo aprecia la dedicación y tenacidad de Capricornio, y este admira el cuidado de Virgo.

• **Virgo – Piscis:** tienen un vínculo firme y duradero. A pesar de ser signos opuestos, tienden a equilibrarse porque también se complementan. Virgo aprecia la dulzura y la bondad de Piscis, y con su ayuda obtendrá nuevos conocimientos, en especial dentro del ámbito de lo místico y de las artes.

Media

• **Virgo — Cáncer:** ambos disfrutan de una relación práctica que sirve como sostén de la pareja. Este dúo es sincero y comparten sus metas. Virgo admira la fuerte sensibilidad de Cáncer, mientras que este aprecia la flexibilidad mental de Virgo. Pueden aprender mucho cuando miran el mundo a través de la perspectiva del otro.

• **Virgo – Virgo:** esta es una unión organizada y dichosa. La practicidad de ambos crea una pareja eficaz y, a la vez, afectuosa. Esta actitud pragmática contribuye a que los conflictos sean resueltos sin pasar a mayores. El punto fuerte de esta relación es la comunicación, clara y abierta.

• **Virgo – Escorpio:** la de ellos es una relación basada en la lealtad y la fidelidad. En esta pareja no hay nada que no haría el uno por el otro. La rapidez y la habilidad de Virgo, combinadas con la devoción de Escorpio, hacen de esta unión un equipo ganador. Son más bien reservados y socializar no es una prioridad para ellos.

Baja

• **Virgo – Leo:** Leo es extrovertido, dominante, fascinante y hasta tiene un poco de mal genio. Virgo es callado, solitario y prefiere el anonimato al *glamour* y al reconocimiento. Virgo aprecia la creatividad de Leo. El error fundamental de los leoninos es tomarse las críticas de Virgo de forma personal.

• **Virgo – Libra:** necesitan tener una relación que les brinde seguridad. Ambos sienten amor por la perfección y la cultura. Los conflictos pueden surgir si Virgo se sobrepasa con la exigencia y la meticulosidad o si Libra intenta manipularlo. En definitiva, no se podrán entender todo el tiempo, pero pueden resolver sus diferencias rápidamente.

• **Virgo – Acuario:** tienen una relación compleja. Ambos son capaces de sacar lo mejor y lo peor del otro. No siempre consiguen la armonía como pareja, pero puede ser una experiencia de aprendizaje real para ambos. Virgo disfruta del orden y la organización en cada situación. Acuario se aburre con la rutina y se puede mostrar temperamental y obstinado. A Virgo le gusta hacer las cosas metódicamente y con el menor alboroto posible.

Neutra

• **Virgo–Aries:** ¡qué poco parece tener en común esta unión! Y por eso necesita tiempo y paciencia para desarrollarse. Es simple: para que tenga éxito, tendrán que aprender a respetar el punto de vista del otro. Aries suele ser agresivo e insistente, mientras que Virgo es callado, tímido y detallista.

• **Virgo – Géminis:** para que esta relación sea posible, tendrán que darse espacio, para no ahogarse. A la hora de afrontar la vida son muy distintos. Mientras que Virgo es práctico y sensato, Géminis es frívolo y errático. Virgo encuentra en Géminis una falta de sostén que le cuesta entender.

• **Virgo−Sagitario:** Sagitario es un alma inquieta que siempre está ansiosa por descubrir nuevos horizontes, mientras que Virgo lleva a cabo sus actos basándose en la practicidad. Los dos tienen visiones distintas de la vida. Puede ser duro para Sagitario aceptar la sensatez de Virgo y, al mismo tiempo, puede ser difícil para Virgo observar la inquietud de Sagitario.

FAMILIA

• Padre de Virgo

El virginiano es un padre minucioso y detallista, y no pierde el tiempo en cosas sin sentido. Se preocupa por brindar ayuda económica a sus hijos. Es sensato y exigente, con tendencia a criticar. Cuando se enfada, hace comentarios ofensivos que pueden afectar la autoestima de los pequeños. Es muy limpio y cuidadoso en su apariencia, así como ordenado en sus responsabilidades.

• Madre de Virgo

Es de esas madres que se las ingenian para estar en todas partes al mismo tiempo; es la típica madre multifacética. Equilibra los horarios de sus niños con sus propias necesidades y obligaciones.

Es servicial y sus hijos saben que pueden contar en ella, tanto para el apoyo escolar como para solucionar problemas personales. En ocasiones parece fría y distante, y suele exigir la perfección a sus pequeños.

· Niños de Virgo

Para bien o para mal, el niño de Virgo tiene una personalidad compleja. Es extremadamente perfeccionista y necesita tener una rutina más bien estricta porque no responde bien a los cambios. Puede ser evasivo a la hora de la comida, así que habrá que ser insistente para que tenga una alimentación saludable. A pesar de estas peculiaridades, no es muy exigente. Más allá de las necesidades habituales de todo niño, el pequeño de Virgo necesita contar con una habitación limpia y ordenada, así como con ropa limpia; ambas cosas le brindan seguridad y tranquilidad. Debido a su gran deseo de servir a los demás, a muy temprana edad ya puede tomar el rol de salvador de sus familiares y amigos. Es muy tímido, así que no hará grandes alborotos por sus logros. Para resumir, el niño de este signo es el servidor del zodíaco, y es feliz cuando ayuda a los demás.

· Adolescentes de Virgo

En esta etapa de la vida, los jóvenes pueden mostrarse distantes y recluidos en su propio mundo. Además, se volverán más estrictos con su familia. En ese contexto, pueden hacer comentarios sobre los errores de sus padres en cuanto a su crianza.

Sin embargo, este comportamiento puede esconder una naturaleza tímida. Es importante que propongas a tu hijo adolescente que hable sobre sus sentimientos y exprese de abiertamente sus miedos y sus dudas, ya que esto lo ayudará a ser también más comprensivo con sus padres y los adultos de su alrededor.

Un virginiano en la familia

practicidad, atención, eficiencia.

crítica, intolerancia.

AMIGOS DE VIRGO

A los nativos de este signo les gusta hacer planes con amigos. Aunque no tiendan a proponer encuentros con frecuencia, siempre reanudan la conversación en el lugar donde la habían dejado. Para ellos, es como si el tiempo no hubiera pasado.

Son personas muy cerebrales que resuelven los problemas mediante el sentido común, características que los ayudan a ser objetivos y les ayudan a resolver los problemas ajenos. Pueden no ser del todo cordiales, pero sí de mucha confianza. Son críticos pero discretos.

MASCOTAS DE VIRGO

Es la mascota más limpia del zodíaco. Si está sucio, llorará hasta que lo limpies o lo bañes. Son ideales para convivir con otros animales domésticos, ya que les gusta compartir su espacio y no pelearán por ganar posición ni terreno. Necesitan tener rutinas, pues se sienten seguros al hacer la misma cosa una y otra vez. Lo que más les gusta es entrenar; por ejemplo, sacar a los perros a hacer un mismo recorrido todos los días es un programa ideal. Se pueden poner muy pesados si se intenta cambiar sus horarios.

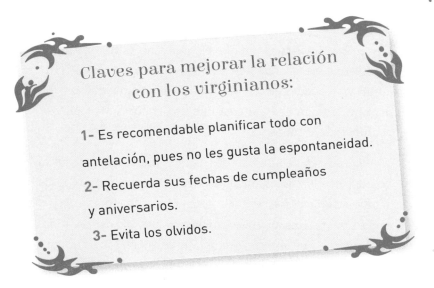

Claves para mejorar la relación con los virginianos:

1- Es recomendable planificar todo con antelación, pues no les gusta la espontaneidad.

2- Recuerda sus fechas de cumpleaños y aniversarios.

3- Evita los olvidos.

JEFES DE VIRGO

Los nativos de Virgo son los más realistas del zodíaco. Para ellos, lo importante no son los intentos ni el camino a seguir, sino los resultados. Los hechos concretos juegan un papel importante en su rutina. Ante un trabajo que no se ha realizado en el tiempo y forma, solo aceptarán excusas de sus empleados si están basadas en la sensatez y en las pruebas que se puedan comprobar. No busques despertar la simpatía de estos jefes con bromas o burlas, porque de esta manera no lo lograrás. Sus principales fortalezas son el pragmatismo y el sentido común. Son precisos en lo que piden y en cómo lo piden.

LOS *SÍ* Y LOS *NO* EN UNA ENTREVISTA LABORAL

La buena presencia y los buenos modales, así como una actitud tranquila y el *currículum vitae* serán de gran utilidad para convencer al entrevistador de que el virginiano es un trabajador nato. Pero debe recordar que, por el momento, solo está allí «de visita» y no puede caer en la tentación de ordenar el escritorio del otro, porque aunque crea que eso puede sumar puntos, ocurrirá todo lo contrario.

Virgo destaca siempre sus habilidades y, en particular, será beneficioso si menciona la responsabilidad y el perfeccionismo que puede aportar a la empresa. Al ser muy tímido y reservado, el mayor desafío es que consiga causar una buena primera impresión. Los días previos a la entrevista, puede ensayar el contacto visual con el interlocutor y trabajar en la confianza en sí mismo. De este modo, podrá mostrarse un poco más seguro cuando llegue el momento del cara a cara.

 muestra interés por las habilidades necesarias para ocupar ese puesto de trabajo, y por conseguir una buena relación con tus colegas.

 te disculpes si no hay necesidad ni hagas comentarios negativos sobre tu persona o tu trayectoria profesional.

DINERO Y FINANZAS

Los virginianos tienden a ahorrar dinero y a pedir descuentos en sus compras. Son personas muy analíticas, virtud que pueden utilizar para analizar el mercado en lo que se refiere a sus movimientos, promedios y probabilidades.

Su cita favorita es la del dramaturgo y poeta inglés Ben Jonson: «Una bolsa pesada hace ligero el corazón».

Con sus instintos bien afilados, el virginiano puede hacer juicios prácticos sobre la bolsa de valores o cualquier otra posible inversión financiera. Sin embargo, un nativo de este signo no siempre estará interesado en ganar dinero a través de la especulación, sino por medio del trabajo y del servicio a los demás.

Las inversiones más apropiadas para ellos son los bonos e servicios financieros y de empresas del sector de la salud.

TÁCTICAS DE NEGOCIACIÓN

Se sabe que las negociaciones importantes suelen necesitar una gran dosis de paciencia para llegar a buen puerto. La sensatez, por sí sola, no sirve en estas situaciones. Así pues, la estrategia consiste, principalmente, en mostrarse paciente en todo momento, pues si se muestran demasiado ansiosos por el resultado, estarán en una posición de desventaja a la hora de negociar.

AUTOESTIMA

Los virginianos necesitan sentirse apreciados y valorados, ya que no solo cuidan de ellos mismos, sino que también se ocupan de las necesidades de los demás. Son los primeros en ofrecer ayuda y colaboración. La simplicidad es su forma de vida. En general son tímidos, aunque en ocasiones se sienten abrumados, y así es como su autoestima puede sufrir altibajos. Al ser demasiado críticos consigo mismos, el valor que se dan puede ser bajo. De todos modos, si las personas cercanas les demuestran de alguna manera que son importantes, así como lo son también sus aportaciones, ellos ganarán de nuevo seguridad de nuevo.

VACACIONES

No disfrutan de lugares ruidosos ni sucios. Por el contrario, necesitan estar en ambientes serenos y silenciosos. Les gusta combinar trabajo con placer.

Es importante que haya un *spa* donde se alojen, ya que se deleitan con largas sesiones de masajes. También les gustan las muestras de artistas plásticos, así como las visitas a galerías de arte. Una travesía en crucero sería el plan perfecto para Virgo.

Neuquén y la ciudad de Merlo, San Luis, son destinos que van a estar felices de recorrer y descubrir.

Los virginianos son muy meticulosos a la hora de organizar sus viajes. Planean las actividades día por día y hora a hora, incluido el horario del desayuno.

Su viaje tiene que ser productivo, sobre todo, en el terreno intelectual. Durante su etapa de descanso, siguen obsesionados por el orden. No logran relajarse ni siquiera en la cantidad de horas de sueño. Extender su estancia para forjar nuevas relaciones comerciales sería la guinda del pastel.

El mejor compañero de viaje es Escorpio. Cuando deciden viajar juntos son como dos porciones de una misma tarta. Uno le brinda al otro el apoyo y la compañía que necesita. Forman un gran equipo porque juntos pueden conseguir todo lo que se propongan.

COMPETICIÓN

A la hora de competir, los virginianos eligen hacerlo de la mejor manera posible. Para estar preparados, les gusta hacer distintas pruebas donde puedan corregir los errores que vayan surgiendo y, si necesitan hacer ciertos cambios, los harán para que las cosas salgan como desean. Si logran el éxito, repetirán el camino en futuros procesos, ya que no se adaptan a la innovación.

» Desafíos que afrontar

Eres propenso a tener una baja autoestima, por lo tanto, este es un punto que debes trabajar para para que aprendas **a confiar en ti mismo.** Para lograrlo, céntrate en tus metas espirituales y anímate a crecer también en el terreno laboral. Deberías aprender a **actuar según tus propias creencias.** En este contexto, evita las discusiones laborales, estudiantiles o amorosas.

Otro objetivo es **que dejes de poner a los demás en un pedestal** y, de paso, **ser menos rígido en tu forma de ser,** ya que saldrás beneficiado.

OCIO

Es muy raro que un virginiano no haga nada, porque le gusta estar siempre ocupado. Las aficiones pueden incluir jardinería, cocina creativa y manualidades, especialmente disfrutan tejiendo. Aprecian la música y el arte, que además los ayuda a relajarse para planear otras actividades. Como actividad secundaria, y siempre con la intención de estimular la mente, les gusta leer, escribir y aprender idiomas, y también pueden pasar horas buscando información en Internet.

NECESIDADES EMOCIONALES

Los virginianos necesitan el orden en cada faceta de su vida para no bloquearse emocionalmente. Sentirse apreciado, tanto en el trabajo como en el terreno personal, es una prioridad para ellos. Les conviene evitar tanta exigencia consigo mismos, por ejemplo, buscando la perfección en las actividades que realizan; la idea es no convertirse en adictos a las actividades y obligaciones diarias. Al poseer esta incapacidad para relajarse, es importante que incluyan en su vida la diversión y la espontaneidad.

ENFADOS

Cuando se enfadan, los nativos de este signo se quedan callados. Se sienten heridos y manifiestan una gran frustración cuando las cosas no salen como ellos querían. Bajo estas reacciones y actitudes, suele haber un perfeccionismo subyacente que es implacable con ellos mismos y con el entorno. Aunque parezcan ser los más tranquilos del zodíaco, al estar pendientes de todo y de todos, y justamente por ser tan sensibles a las críticas, pueden experimentar un profundo enfado.

Para evitar confrontaciones, en ciertas ocasiones eligen expresar sus frustraciones y su furia de manera indirecta, por ejemplo a través de un correo electrónico o de un mensaje por teléfono móvil, pero en el estado de impotencia en que suelen estar, difícilmente lleguen a expresarse de forma clara, como para conseguir calmar los ánimos, mucho menos los suyos...

HERIDAS

Los virginianos tienen una necesidad constante de perfeccionar su disciplina. Los límites de estos nativos son la meticulosidad, las actitudes críticas y la imposición de normas, no solo a ellos mismos, sino también a su entorno.

Se sienten heridos ante la crítica despiadada. La burla les hace mucho daño y los vuelve muy sensibles. No solo las palabras que el otro use para criticarlos los perturbarán, sino que también sufrirán porque tienen una herida interna a la que vuelven cada vez que alguien los desaprueba.

DEPORTES

Poseen importantes aptitudes para el deporte, como la disciplina, la puntualidad, la excelente forma física, el compromiso y la ética. Sus debilidades son la modestia excesiva y la duda; ambas características les impiden alcanzar sus metas en los deportes y también en su vida cotidiana. En primer lugar, deberán aprender a creer en ellos mismos antes de lanzarse a la práctica de algún deporte. El deseo de mantenerse saludables y de explorar sus propias habilidades puede convertirse en una excelente motivación para estos nativos.

Los deportes apropiados son esgrima, gimnasia artística y golf. Los deportes a evitar son atletismo y tenis de mesa.

MIEDOS

Donde haya orden, limpieza y pulcritud, allí estará Virgo. Para este signo, el desorden es una pesadilla. Todo debe estar en el lugar que considere correcto, desde los objetos de decoración de su vivienda hasta los utensilios de cocina. Más allá del orden y de la limpieza, tiene la disciplina necesaria para alcanzar el éxito en lo que se proponga.

Como suele presentar rasgos hipocondríacos, la salud cumple un papel fundamental en su vida. Su principal fobia es la panzofobia, que es el miedo exagerado a sufrir y a enfermarse.

SENTIDO DEL HUMOR

Virgo es muy sarcástico y tiene un humor afilado. Es importante que cuiden la forma de expresarse y las palabras que usan en las redes sociales y en los correos electrónicos, porque el humor ácido de los virginianos puede aparecer en el momento menos oportuno y causarles problemas.

EL PERDÓN

Conseguir las disculpas de un virginiano no es tarea fácil. Por eso, te conviene admitir tu error, pedir perdón y admitir que ellos siempre tienen razón y tú siempre estás equivocado. Suena extraño, pero es así como pueden llegar a perdonarte. Demuéstrale también tu dependencia, ya que a los virginianos les gusta sentirse necesitados y al mando de la situación. Sé racional en tu discurso, sin llegar a maldecir llegar a gritar. A Virgo no le gusta la exhibición de emociones. No intentes enviarle un regalo como disculpa, pues no va a servir.

LA SOMBRA

El lado oscuro de Virgo es su crítica implacable. «Nadie es mejor que yo», es su lema de cara al exterior, pero por dentro tiene una autoestima baja. Según ellos, son los únicos que pueden hacerlo todo de manera perfecta. Queda claro que no son muy realistas. En su parte oscura no existe la confianza, el afecto, ni ningún valor espiritual.

HÁBITOS

Los virginianos son propensos a tener actitudes obsesivas, pero no sobre un tema concreto; por el contrario, en todos los ámbitos de su vida aspiran a un nivel de excelencia tan alto que, para alcanzarlo, necesitan mucha energía y esfuerzo. El consejo astral es que se diviertan más y traten de limitar un poco su necesidad de perfección.

Este signo rige el intestino delgado, el bazo, el colon y las uñas de manos y pies.

Las patologías que suelen padecer son: divertículos, celiaquía, colon irritable y enfermedad de Crohn.

Virginianos famosos

- Agatha Christie
- Michael Jackson
- Freddie Mercury
- Beyoncé
- Jorge Luis Borges

♈ ♉ ♊ ♋ ♌ ♍

CITAS DE VIRGINIANOS FAMOSOS

· **A**GATHA **C**HRISTIE

«El mal nunca queda sin castigo,
pero a veces el castigo es secreto».

«Aprendí que no se puede dar marcha atrás, que la
esencia de la vida es ir hacia delante. En realidad,
la vida es una calle con sentido único».

· **B**EYONCÉ

«La confianza es muy importante, y no solo
en las relaciones. No me gusta en absoluto
tener a mi alrededor a gente que no es genuina.
No me gusta la gente así. No me gusta la gente
que me dice lo que piensa que quiero escuchar».

«Las mujeres debemos hacernos un tiempo para
concentrarnos en nuestra salud mental, tomarnos
un tiempo para nosotras, para alimentar nuestro
espíritu, sin sentirnos culpables ni egoístas».

EL ÁGUILA Y EL CARACOL
(DE JUAN EUGENIO HARTZENBUSCH)

Un águila descansaba tranquila en la cima de una montaña, sobre su nido, cuando vio asomarse las antenas de un caracol, cerca del risco. Asombrada, esperó a que el animal llegara junto a ella y le dijo:

—Pero, caracol, ¿cómo con ese andar tan lento subiste a visitarme hasta tan arriba?

Y el caracol, sin sorprenderse demasiado, contestó:

—Señora águila, pues subí a fuerza de arrastrarme.

MORALEJA: Por muy difícil que parezca, todo se puede conseguir con esfuerzo.

Libra

DEL 21 DE SEPTIEMBRE AL 23 DE OCTUBRE

«Hay que buscar
el equilibrio
en el movimiento,
no en la quietud».

BRUCE LEE

L EALES

I NDECISOS

B ELLOS

R EFINADOS

A RMONIOSOS

LIBRA

- **Símbolo:** balanza.

- **Elemento:** aire.

- **Modalidad:** cardinal.

- **Planeta regente:** Venus.

- **Metal:** cobre.

- **Color:** rosa.

- **Lema:** yo equilibro.

- **Características principales:** son amantes de la paz y del bienestar; no suelen intervenir en discusiones. Son solidarios y compañeros. Dudan de todo. Luchan por la justicia.

- **Palabras clave:** equilibrio, armonía, sociabilidad, diplomacia, mediación.

- **Intereses:** les gusta conversar con amigos y familia. Necesitan tener una vida social activa. Les encanta asistir a salidas culturales y sociales, que son sus actividades favoritas.

- **Amor:** tienen una compatibilidad alta con Aries, Géminis y Acuario. Compatibilidad media con Leo, Libra y Sagitario. Compatibilidad baja con Virgo, Escorpio y Piscis. Neutra con Tauro, Cáncer y Capricornio.

- **Desafíos:** les cuesta perdonar un error. Deben trabajar en su autoestima.

- **Son hábiles para:** aceptar las distintas manifestaciones de amor. No se apresuran en sacar conclusiones.

- **Ocupaciones:** bailarines, instrumentistas, abogados, jueces, procuradores, mediadores, esteticistas.

- **Vínculo con el dinero:** intentan equilibrar todo en su vida, aunque a veces no son muy hábiles haciéndolo con sus finanzas. Adoran gastar el dinero en eventos sociales y en ropa de calidad.

- **Partes del cuerpo:** los riñones, la vejiga, y la glándula suprarrenal.

- **Regalos:** adoran los perfumes y, sobre todo, los zapatos. También se alegrarán si reciben productos de belleza.

MITOLOGÍA

enus rige a Libra, al igual que a Tauro. Venus es la diosa del amor, la lujuria, la atracción física y la belleza, y en Grecia se la identifica con la divinidad griega Afrodita, hija de Urano.

Según la mitología, el nacimiento ocurre en el momento que Cronos (dios del tiempo) corta los genitales de su padre, Urano, y los lanza al mar, de donde surge Afrodita.

Afrodita se casó con Hefesto, pero en realidad estaba enamorada de Ares. Así fue que Ares y Afrodita cometieron una infidelidad, pero Hefesto les puso una trampa invisible y no accedió a liberar a los amantes, hasta que prometieron que no volverían a estar juntos. De todos modos, apenas pudieron, escaparon y no cumplieron su promesa.

Esta diosa fue conocida por sus maldiciones; cuando alguien la ofendía, era condenado a fuertes castigos.

Afrodita fue una de las diosas más veneradas de la Antigüedad, y en su nombre se construyeron grandes templos.

RASGOS DE PERSONALIDAD

Libra es el séptimo signo del zodíaco. Pertenece al elemento aire y es de la modalidad cardinal. Su regente es Venus, que comparte con Tauro. Los nativos de este signo tienen muy buen gusto y necesitan que todo a su alrededor sea armónico.

Son diplomáticos y prefieren decir una palabra de menos a pronunciar una de más. Suelen ignorar sus propias necesidades en pos de las de los demás.

También son refinados y buscan la paz, la armonía y el equilibro; son educados, bien predispuestos y sociables.

Libra siempre quiere ser seducido y, en el terreno del amor, valoran la opinión de su entorno más íntimo. Es un signo caracterizado por la elegancia y la sofisticación.

Los librianos son visuales; la belleza y el encanto les entra primero por los ojos.

Aman los gestos románticos; para seducir a alguien de este signo, vale la pena esforzarse en este terreno. La indecisión es parte de su naturaleza, así que apreciarán formar pareja con alguien que los pueda asesorar y acompañar en la toma de decisiones.

Las «A» que suman

- Amabilidad
- Atención
- Amistad
- Amor

Las «I» que restan

- Indecisión
- Inestabilidad
- Imparcialidad
- Indulgencia

DESEOS

Los librianos desean alcanzar el equilibrio. En esta búsqueda hacen juicios de valor y se centran en los hechos, ya que tienen la habilidad de ver ambas caras de una misma situación. Les gusta defender sus puntos de vista con argumentos que, en ocasiones, parecen contradecir a su planeta regente, Venus, que brinda paz, armonía y placer. Adoran vivir en un ambiente confortable y armónico, y por ese motivo querrán decorar con frecuencia su hogar o ambiente laboral y, en el proceso, incorporar las nuevas tendencias en materia decorativa.

AYUDA DE LA PNL

La clave pasa por fijarse metas razonables que puedan llevar a cabo sin sentirse culpables. Al establecer objetivos poco realistas, se dirigen hacia el fracaso y sentirán una gran frustración por no conseguir sus propósitos.

Por lo tanto, lo ideal para Libra es encaminarse hacia metas que puedan cumplir a corto plazo.

MANEJO DE CONFLICTOS

Los nativos de este signo se enfrentan a los problemas con diplomacia. Esta forma de actuar enloquece al contrincante, que acaba sintiendo culpa por enfadarse con el dulce libriano.

Además, tienden a esconder sus auténticos sentimientos para evitar conflictos en sus relaciones; no quieren ser responsables de provocar heridas a los demás.

Como ya se ha dicho, les resulta difícil tomar decisiones y buscan constantemente la presencia de otro que los complemente y los ayude. Suelen resolver los conflictos manipulando a la otra persona de manera sutil para conseguir su objetivo.

ODIOS

Las personas de Libra detestan las discusiones subidas de tono, tanto como la hipocresía. Reconocer en ellos mismos sus debilidades y fracasos los afecta emocionalmente. Les molesta mucho que los presionen para tomar decisiones y que les digan qué deben hacer y qué no. Pero, por encima de todo, rechazan las críticas no constructivas.

Lección que aprender

Libra tiende a expresarse a través de los vínculos, y puede equivocarse al escoger a su compañero. Las aventuras amorosas extramatrimoniales son muy habituales y puedes llegar a vivir en pareja sin considerar al otro como tal. Sería importante que **fueras honesto contigo mismo** y te preguntaras **qué es lo que en realidad buscas en un vínculo amoroso,** y si tu relación actual te hace feliz o, por el contrario, estás perdiendo el tiempo.

FANTASÍAS SEXUALES

Al ser un signo que pertenece al elemento aire, en el sexo Libra es sensual y generoso, y tiene el deseo de complacer y gustar a su amante en todo momento y lugar. Los nativos de este signo son coquetos, les gusta verse bien, y también son seductores natos, lo cual resulta una combinación difícil de resistir. Solo quieren ser amados y deseados, ya que en esencia son sentimentales y románticos.

Con su sonrisa seductora lograrán enamorar a la persona deseada, pero esto no quiere decir que se entreguen con facilidad al amor; poseer su corazón resulta casi imposible. Buscan una pareja estable, básicamente, para vivir en paz y armonía, pero sin sacrificar la pasión. Detrás de eso, se esconde su miedo a la soledad.

Son seres sensibles, que disfrutan de estar en pareja. En la cama, les gusta «jugar» mientras no pierden la elegancia en los modales. Poseen una energía que es seductora y también erótica.

La mujer de Libra adora la belleza en la vida, por eso, en el momento clave todo debe parecerle espectacular. Está segura de su poder y de su encanto en el terreno de la seducción y del sexo. Usará ropa interior que le permita excitar a su pareja de inmediato. Ella nació para el amor y es muy enamoradiza. Desea complacer a su amante y hacer realidad sus fantasías; es una «vampiresa» nata. A veces confunde atracción con amor.

El hombre de Libra puede ser el compañero ideal para una experiencia sexual llena de fervor romántico. Su imaginación erótica parece ser ilimitada y hará sentir a su pareja como una reina. Sumamente romántico, él es el «amo y señor» en el ámbito de la seducción. Sus amantes responderán fácilmente a su pasión y encanto. Al ser regido por Venus, sus necesidades carnales son mucho más profundas de lo que pueda parecer superficialmente.

La fantasía de los nacidos bajo el signo de Libra es filmarse el uno al otro.

Son sexualmente compatibles con Aries, Géminis y Libra.

Sus zonas erógenas son los glúteos y la zona lumbar. Consejo para aumentar su deseo: Darle una palmadita en los glúteos e intercalarlo con delicados mordiscos, le dará un placer enorme.

COMPATIBILIDADES EN EL AMOR Y EN LA PAREJA

Alta

• **Libra – Aries:** estos signos están a 180 grados de distancia en el zodíaco. A pesar de ello, la relación de pareja es compatible. Cada signo posee lo que al otro le falta. Libra, con su armonía natural, mantiene el amor y aporta compañerismo y moderación. Por su parte, Aries es más firme que Libra para la toma de decisiones. Se complementan bien.

• **Libra – Géminis:** este vínculo se caracteriza por la fuerte conexión que hay entre ambos. Disfrutan de entretenimientos intelectuales y de desafiarse mentalmente. Libra crece en la búsqueda de la libertad de pensamiento y al analizar los diferentes aspectos de un mismo argumento. Géminis valora la unión con Libra.

• **Libra – Acuario:** esta relación está lejos del estancamiento. A Acuario le gusta la libertad de experimentar nuevas ideas y vivencias. Libra tiene la amplitud de miras necesaria para considerar todo lo que le propongan. Aprenden a respetar los límites de cada uno. Forman una pareja exitosa y fructífera.

Media

• **Libra – Leo:** intuitivamente uno sabe cómo funciona la mente del otro. Sus temperamentos son sumamente diferentes; Leo es fascinante y Libra es refinado. La actitud de confrontación de Leo es opuesta a la naturaleza diplomática y pacífica de Libra. De vez en cuando, Libra puede pensar que Leo es irrespetuoso.

• **Libra – Libra:** buscan estar de acuerdo en todo y, para eso, tratarán de equilibrar sus actividades. La devoción y el compromiso mutuo son envidiables. Sin embargo, les falta algo de autocontrol, característica que los hace débiles y fluctuantes. Al tener la misma esencia, uno se anticipa a las necesidades del otro.

• **Libra – Sagitario:** para ellos, cada abrazo que se brindan es el paraíso. Sagitario es un explorador incansable; siempre se mueve en busca de mayor conocimiento y sabiduría. Libra, con su mente perspicaz, es capaz de seguirle el ritmo. Los intereses compartidos aseguran que la comunicación y el entusiasmo fluyan sin barreras.

Baja

• **Libra–Virgo:** la seguridad material es importante para ambos. Virgo y Libra pueden trabajar juntos y con eficiencia para materializar sus proyectos conjuntamente;

tienen metas comunes y métodos similares para alcanzarlas. El aspecto más favorable de esta relación es el deseo de ambos de llevar una vida organizada.

• **Libra – Escorpio:** tienen una relación estimulante. La espontaneidad de Libra puede ayudar a Escorpio a salir de su zona de confort. Las habilidades sociales de Libra, junto con la determinación de Escorpio, pueden lograr lo imposible. Las dificultades entre ellos se dan por las diferencias de conducta. Los librianos son abiertos y sociables, mientras que los escorpianos son más cerrados y les cuesta comunicarse con su pareja.

• **Libra – Piscis:** mantienen una relación amistosa y tranquila. Piscis flota en un mundo de ensueño, y Libra puede ayudarlo con delicadeza a afrontar la realidad. El punto en común es la indecisión y una naturaleza vacilante que les permite considerar varias opciones a la vez. Como resultado, pueden no llevar nada a la práctica o hacerlo muy tarde.

Neutra

• **Libra – Tauro:** necesitan seguridad y apoyo el uno del otro. Comparten la misma devoción por el arte, la poesía y las cuestiones más refinadas de la vida. Aunque no siempre estén de acuerdo en todo, saben respetar otros puntos de vista. La indecisión de Libra puede irritar a Tauro. Las actividades compartidas son importantes para ellos.

• **Libra – Cáncer:** ambos encajan a la perfección en su vínculo, como dos piezas de un rompecabezas.

Se conocen bien y se respetan. Libra puede ayudar a Cáncer a considerar distintos aspectos de una misma situación, y convencerlo de que evite tomar una decisión precipitada antes de conocer todas las opciones.

• **Libra – Capricornio:** tendrán que trabajar duro para conseguir el bienestar en su relación. Libra opera en una esfera introspectiva e intelectual, mientras que Capricornio prefiere un ambiente solitario. Sus destinos van por caminos diferentes. Reconocer y aceptar estas diferencias los llevará a reconciliarse con la vida y decidir si llevan adelante este vínculo, o no.

FAMILIA

• Padre de Libra

Le gusta que su familia lo admire. Presta especial atención a todo lo estético. Su forma de demostrar afecto es formando un clan con sus hijos. En general, prefiere no ahondar en la problemática familiar (si la hubiera) y limitarse a brindar afecto y compañía. Se muestra dudoso en la toma de decisiones. Disfruta de poder compartir sus gustos refinados con sus hijos.

• Madre de Libra

La madre libriana se esfuerza en conseguir cierto equilibrio en sus actividades laborales, familiares y hogareñas. Es muy atenta y afectuosa, y le gusta demostrar su amor por sus hijos. Sabe hacerse querer. Se esforzará para que sus hijos sean justos en la vida, en general, y ante las distintas situaciones que se les presenten. En este sentido, les dará las herramientas necesarias para que no confundan bondad con debilidad. Le cuesta mucho poner límites y es muy difícil que alguna vez lo haga; es poco exigente en este terreno.

• Niños de Libra

Es el niño más simpático del zodíaco y con sus sonrisas consigue todo lo que se propone. Es muy sociable, le gusta conversar, y también es diplomático; le encanta tener a los demás a su alrededor y a su entera disposición. Se caracteriza también por su coquetería y detallismo, disfruta viéndose bien vestido y siempre está perfumado. El niño de Libra es el conversador del zodíaco y también es dulce y cariñoso.

• Adolescentes de Libra

Los adolescentes de este signo detestan las escenas de enfado, los arranques de agresividad y los gritos. Así es que tratarán por todos los medios no tener que soportarlo eso y, si ocurre, harán lo posible por detenerlo. Para ellos la armonía es lo primero.

Aun cuando un adolescente de Libra descubra, como todos los adolescentes lo hacen en esta etapa, que sus padres están desorientados, tendrán paciencia con ellos y se mostrarán comprensivos.

Es conveniente que los adultos les recuerden que deben centrarse en sus planes de estudio y de trabajo, ya que pueden tomarse todo con demasiada tranquilidad y olvidar sus responsabilidades.

Un libriano en la familia

justicia, refinamiento, armonía.

inestabilidad, indiferencia, duda.

AMIGOS DE LIBRA

Son amigos que hacen muchos favores, ya que no saben decir que no; internamente vacilan y dudan de todo, pero siempre están disponibles porque valoran mucho la amistad. Son compañeros leales en todas las relaciones humanas; suelen brindar buenos consejos e ideas.

En general, Libra convierte a su pareja en su mejor amigo, y esta es la forma de que un nativo de este signo logre un matrimonio unido y feliz.

MASCOTAS DE LIBRA

Son las más bonitas y coquetas del zodíaco; podría decirse que hasta parecen disfrutar de los complementos que les ponen. Siempre consiguen lo que quieren, porque saben cómo persuadir a sus dueños. Son animales un poco perezosos, lo que trae como consecuencia su incapacidad para tomar una decisión y esperarán que tú lo hagas por ellos. Les fastidia que los persigan y enseguida se pueden sentir agobiados. Hay que respetar sus espacios, no invadirlos. Paciencia con estas pequeñas mascotas; son muy exigentes.

Claves para mejorar la relación con los librianos:

1- Muéstrate siempre perfecto. Si no sabes cómo, míralos a ellos para aprender.

2- Haz las preguntas que sean necesarias para solventar todas las dudas que tengas.

JEFES DE LIBRA

Los nativos de Libra anhelan, ante todo, la popularidad. Con frecuencia, este deseo los traiciona y puede convertirse en un obstáculo en su trayectoria profesional.

En vez de centrar su atención en el objetivo y esforzarse para conseguir mejores resultados, se interesan por su satisfacción personal. Su necesidad de admiración parece ilimitada; quienes lo saben, intentarán manipularlos y alabarlos constantemente. Sus principales fortalezas son la amabilidad y el carisma. En sus interacciones profesionales utilizan, ante todo, la diplomacia.

LOS *SÍ* Y LOS *NO* EN UNA ENTREVISTA LABORAL

Cuando los librianos pasan por la puerta de la oficina, su carisma se despliega ante sus entrevistadores. Sus palabras cautivan de una manera única ya que, en todo momento, demuestran lo diplomáticos que pueden llegar a ser, aun en momentos de estrés.

Atención: pueden tropezarse con sus palabras si los entrevistadores adoptan técnicas más agresivas para ponerlos a prueba. Es importante adoptar una actitud relajada y no perder la sonrisa. En entrevistas grupales, no deben permitir que otros los pisoteen.

 sé educado en tus respuestas.

 pierdas el interés tan fácilmente ni vayas a la entrevista acompañado.

DINERO Y FINANZAS

Como se ha dicho, intentan equilibrarlo todo en su vida, aunque a veces no son tan hábiles como para hacerlo con su economía, en especial cuando están afectados por otro tema. Lo más importante que deben tener en cuenta es que deben creer más en ellos mismos, en lugar de escuchar siempre a otras personas. Los librianos tienen habilidades estratégicas cuando quieren ganar dinero y dirigir un negocio en solitario o como parte de una sociedad. Por eso, es esencial que confíen en sus propias habilidades. No tienden a pensar en su situación económica a largo plazo. En cuanto a gastos, suelen destinar una gran parte de su dinero a viajes, eventos sociales, y a comprar ropa de calidad.

Su cita favorita es la del escritor francés, Stendhal, que dice: «El dinero compartido aumenta el amor y el dinero regalado lo mata».

Las inversiones más apropiadas para ellos son los bonos de empresas del sector agrícola.

TÁCTICAS DE NEGOCIACIÓN

En general, la primera estrategia libriana apunta hacia «los demás». Les gusta hablar y dar ejemplos para convencer a sus contrincantes. Son hábiles en ese terreno y saben apro-vecharlo.

Durante una negociación, lo más recomendable para ellos es demostrar su gran compromiso y coherencia. Esta es una virtud muy valorada en el marco de una negociación, y está asociada a la honestidad y a la estabilidad. Una persona coherente, además, resulta de confianza. También suma el compromiso; una persona que desde el comienzo demuestra ser responsable y comprometida quedará en una mejor posición para llevar a buen puerto sus negocios.

AUTOESTIMA

Les gusta endulzar los problemas de la vida para hacerlos más llevaderos. Cuando tienen la autoestima por los suelos pueden ser caprichosos y superficiales, y cambiar de opinión varias veces antes de tomar una decisión. En cambio, cuando trabajan en sí mismos y en fortalecer su propia estima, las cosas cambian; dejan de poner la atención en los detalles y ven el lado positivo de las situaciones.

VACACIONES

Las ciudades románticas y pintorescas seducen a los librianos, que ante todo buscarán el confort en sus vacaciones. Con ellos, es aconsejable no programar actividades con horarios fijos, como excursiones, ya que les resultarán tediosas; van a disfrutar más las actividades de forma independiente y sin guías turísticos.

El equilibrio y la diplomacia son dos características importantes para Libra. En este sentido, pueden centrarse más en gustar a sus compañeros de viaje que en recopilar información sobre el lugar escogido.

Les gustan los viajes en grupo. En este tipo de salidas y excursiones, quizá se entretengan más observando a sus compañeros que escuchando al guía turístico.

Las ciudades y localidades librianas argentinas son: San Martín de los Andes, Villa General Belgrano y Villa La Angostura.

El mejor compañero de viaje es Acuario. Entre ellos se complementan perfectamente y disfrutan de la vida social, así como de las aventuras que surjan en el camino.

COMPETICIÓN

Los librianos compiten social e intelectualmente, pero siempre en el marco de vínculos armoniosos. Por tanto, intentarán evitar los conflictos y ser flexibles en los cambios que se dan de forma natural en las distintas instancias competitivas. Durante el encuentro, señalarán las injusticias y los errores como haría un abogado.

» *Desafíos que afrontar*

Te preocupas demasiado por las exigencias que otros podrían hacerte en el futuro y, en general, por satisfacer las necesidades y deseos de los demás. El desafío para ti es **dejar de lado la indecisión y animarte a tomar decisiones, por más difíciles que estas puedan ser.** Con el tiempo, aprenderás a no responsabilizar a terceros de tus propios problemas.

OCIO

Los librianos prefieren pasar el tiempo libre en compañía de amigos, familiares e incluso compañeros de trabajo, y conversar hasta que no quede nada más por decir. Necesitan tener una vida social activa y rodearse de un ambiente armónico. Disfrutan de la pintura, la lectura y la música. Asistir a eventos culturales es su afición favorita.

NECESIDADES EMOCIONALES

Necesitan experimentar la belleza de las cosas, la armonía de los vínculos y la cooperación con los demás. Los vínculos son una prioridad para ellos, pero para establecer una relación que satisfaga sus exigencias, primero necesitan confiar y sentirse seguros con la otra parte; solo así podrán tener relaciones auténticas y duraderas.

ENFADOS

Los librianos son los nativos más pasivos en la expresión de su enfado. Son muy diplomáticos y pueden mostrarse bastante tranquilos, incluso cuando otras personas están encolerizadas. Libra enmascara su ira, pero expresará su disgusto ante una situación que considere injusta. Como saben moverse en sociedad, siempre intentarán evitar la confrontación, a menos que sea totalmente necesaria. Su principal motivo de enfado se da cuando sienten que son tratados injustamente y no se les valora.

HERIDAS

En los vínculos, se sienten heridos cuando se pone distancia con ellos. Alejarse es la mejor manera de hacer sufrir al signo de la balanza, ya que siempre necesitan estar acompañados. Para ellos, la soledad no es buena consejera; les crea una sensación de desamparo que les resulta difícil de superar. Cuando, por algún motivo, reprimen su necesidad de estar acompañados, lo hacen en contra de su propia naturaleza.

Su mayor problema es el miedo a ser rechazados.

Se pueden sentir limitados por su falta de equilibrio e indecisión, lo cual les causa problemas de identidad y de dependencia. Los obstáculos los superan gracias a su desarrollado sentido de la justicia.

DEPORTES

Los librianos están listos para pasar muchas horas de actividad física en clubes o gimnasios, solo para tener un buen aspecto físico y un cuerpo tonificado y musculoso. No solo disfrutan del entreno, sino también de la comunicación y la interacción con los demás. Los deportes son interesantes para estos nativos por la flexibilidad que les aportan y la posibilidad de aumentar su atractivo, pero también porque les permiten interactuar con otras personas. Aun en las actividades más extremas desplegarán su talento artístico y elegancia.

Los deportes más apropiados son atletismo, tenis, tiro con arco, *waterpolo* y remo, y los deportes que deberían evitar son motociclismo y *rugby*.

MIEDOS

La atención de las personas del signo de la balanza siempre está puesta en los vínculos. Ellos creen que «cuatro manos son mejor que dos».

No nacieron para vivir ni sentirse solos; esa no es la vida que quieren para ellos. Tienen miedo a la soledad y al aislamiento, y están convencidos de que esta situación los haría sentir desequilibrados y faltos de armonía. Tienen miedo a quedarse sin pareja y, antes de que eso ocurra, retienen a su lado a la persona que consideran «segura». Sin embargo, si superaran estas inseguridades podrían consolidar una pareja o sociedad importante a largo plazo.

Su principal fobia es la autofobia, que es el miedo exagerado a estar solo.

SENTIDO DEL HUMOR

Su humor nunca es irrespetuoso, ya que son muy cuidadosos en no herir a nadie, y suelen hacer chistes políticamente correctos, sin ridiculizar a ninguna persona. Detestan las bromas de mal gusto y las que dan golpes bajos.

Les gusta utilizar el humor en el trabajo y también en ciertas situaciones difíciles de la vida, porque les sirve para afrontarlas con mejor predisposición.

EL PERDÓN

Si existe un conflicto, los librianos no saben manejarlo bien, por eso, acaban perdonando rápidamente.

¿Un consejo? Dales siempre la razón y serán felices. Felicítalos y bríndales el reconocimiento que esperan, porque esto aumentará su autoestima y habrás logrado tu objetivo de estar en paz con ellos. En general, les gustan las flores y las plantas, así que este puede ser un bonito regalo en caso de querer regalarles algo. Los nativos de este signo quieren perdonar a todo el mundo para vivir en paz, y de este modo no consiguen solucionar del todo los problema que hay bajo la superficie.

LA SOMBRA

El deseo y el apetito sexual son los secretos mejor guardados del libriano. En casos extremos, esta necesidad de placer puede llegar a controlar su vida.

Con su gran poder de seducción, los librianos viven en un estado de conquista permanente y su «presa», difícilmente puede resistirse. A los nativos de este signo les pueden atraer partes muy concretas del cuerpo que otros no observarían con tanto detalle, como cejas, lunares, nuca y cabellera.

HÁBITOS

Es frecuente que gasten más de lo que pueden gastar. Como les gusta salir a pasear, caen en la tentación y compran cosas que luego no necesitan. El consejo astral es que tomen conciencia de su deseo de posesiones materiales y lo superen; así evitarán endeudarse sin necesidad.

SALUD

Este signo rige la vejiga, la glándula suprarrenal, los riñones y las partes externas de los órganos reproductores.

Las patologías que están más predispuestos a padecer son: cálculos en los riñones, infecciones urinarias, cistitis e incontinencia urinaria.

Librianos famosos

- Catherine Zeta Jones
- Matt Damon
- Susan Sarandon
- Lali Espósito

CITAS DE LIBRIANOS FAMOSOS

• MIGUEL DE CERVANTES

«Haz que tu negocio sea conocerte a ti mismo, que es la lección más difícil del mundo».

«En algún lugar de un libro hay una frase esperándonos para darle un sentido a la existencia».

• PEDRO ALMODÓVAR

«Las mujeres son más fuertes que nosotros. Afrontan directamente los problemas y por este motivo es más espectacular hablar de ellas».

«El deseo es algo irracional por el cual uno siempre tiene que pagar un alto precio».

EL LEÓN Y EL MOSQUITO
(FÁBULA DE ESOPO)

El rey de todos los animales, un león enorme y feroz, estaba dormido sobre la hierba seca de la sabana. Todo estaba tranquilo hasta que un mosquito se acercó al león y empezó a darle guerra.

–¡Ey, tú! Todo el mundo dice que eres el rey de de la selva, pero yo creo que nadie es mejor que nadie en este mundo –dijo el mosquito, provocando al gran felino.

–¿Y para decirme eso te atreves a despertarme? –rugió el león–. Si todos me consideran el rey, por algo será, ¡vete de aquí!

–¡No! –repitió el mosquito–. ¡Yo puedo ser más fuerte que tú, si me lo propongo!

–¡Te he dicho que no me molestes! –repitió el león empezando a enfadarse seriamente–. ¡No digas tonterías!

–¿Tonterías? ¡Pues ahora verás que soy capaz de vencerte! –aseguró el insecto.

El león, estupefacto, vio cómo el mosquito empezaba a zumbar sobre él y a propinarle un picotazo tras otro por todo el cuerpo. El pobre felino se revolcaba en la tierra sin conseguir que el mosquito dejara de picarlo. Con sus garras intentó atraparlo, pero le resultó imposible.

–¡Ja, ja, ja! ¡Te he ganado! ¿Qué pensarán los demás cuando sepan que un animalito tan pequeño como yo ha conseguido derrotarte? ¿Ves que nadie es mejor que nadie?

En uno de sus absurdos giros, tropezó con una tela de araña y, de repente, se hizo el silencio. Cayó en la cuenta de que estaba atrapado sin posibilidad de salvarse y en décimas de segundo se puso a reflexionar. Suspiró y dijo con amargura:

–Vaya, vaya, vaya… He vencido a un animal poderoso, pero al final, otro mucho más insignificante me ha vencido a mí.

MORALEJA: No te creas nunca el mejor en todo. Es bueno tener éxitos en la vida y hay que alegrarse por ellos, pero no seas arrogante y pienses que los demás son menos que tú. El sano equilibrio es la clave.

Escorpio

«No puede haber
más transformación
de la oscuridad en luz
ni de la apatía
en movimiento sin emoción».

CARL JUNG

E NIGMÁTICOS

S EGUROS

C ELOSOS

O BSCENOS

R ESENTIDOS

P ERSPICACES

I NTUITIVOS

O BSESIVOS

ESCORPIO

- **Símbolo:** escorpión.

- **Elemento:** agua.

- **Modalidad:** fija.

- **Planeta regente:** Plutón.

- **Metal:** acero.

- **Color:** azul.

- **Lema:** yo deseo.

- **Características principales:** son personas que no se dejan llevar por las apariencias. Son reservadas en cuanto a su intimidad, casi herméticas. Tienen una personalidad magnética. Comprenden las imperfecciones.

- **Palabras clave:** transformación, regeneración, habilidad, manipulación, venganza, pasión.

- **Intereses:** misticismo, yoga y cualquier otra disciplina relacionada con estos temas, que estimularán su necesidad de investigar. También les gusta coleccionar objetos extraños.

- **Amor:** tienen una compatibilidad alta con Tauro, Cáncer y Piscis. Compatibilidad media con Virgo, Escorpio y Capricornio. Compatibilidad baja con Aries, Géminis y Sagitario.

- **Desafíos:** aprender a relajarse y luchar contra la necesidad constante de dominar y controlar al otro.

- **Son hábiles para:** afrontar situaciones de crisis ya que la humildad y entrega son sus mejores aliados.

- **Ocupaciones:** cirujano, odontólogo, militar, policía, investigador, celador, veterinario, psicólogo, psiquiatra, médium.

- **Vínculo con el dinero:** son muy cuidadosos con sus ingresos y sus ahorros, incluso pueden llegar a esconderlos. Nadie sabe exactamente qué hacen con el dinero.

- **Partes del cuerpo:** el aparato reproductor femenino y masculino.

- **Regalos:** prendas de cuero, perfumes, libros.

n la mitología griega, Hades es el guardián de los infiernos, el señor del reino subterráneo, el rey de los muertos. En la mitología romana recibe el nombre de Plutón.

Es una de las divinidades más poderosas del panteón clásico, tan solo lo superado en poder por su hermano Zeus. De vez en cuando, Hades abandona los infiernos para visitar la Tierra, pero se involucra poco en los asuntos de los mortales.

Es hijo de Cronos y de Rea. Cronos tomó la decisión de devorar a cada uno de sus hijos, a medida que iban naciendo, para que ninguno de ellos pudiera desafiarlo y arrebatarle el poder cuando llegaran a la edad adulta.

Así, el pequeño Hades es engullido por su padre. Sin embargo, Zeus, su hermano, consigue sobrevivir gracias a un engaño de su madre, y al llegar a la edad adulta, desafía y derrota a su padre, y libera a todos sus hermanos de las entrañas de Cronos. De este modo, Hades queda libre y se une a su hermano Zeus en su lucha contra los titanes.

RASGOS DE PERSONALIDAD

Es el octavo signo del zodíaco. Pertenece al elemento agua y a la modalidad fija.

Está regido por Plutón y por Marte. Los nativos de este signo son apasionados, intensos, valientes, competitivos al máximo, curiosos, misteriosos, tienen una personalidad fuerte y son orgullosos y temperamentales. Con Escorpio podrás vivir grandes emociones y no aburrirte; es un signo que te puede hacer ir del cielo al infierno, sin escalas. Tienen una vida emocional muy intensa, pero no suelen mostrarla debido a su gran desconfianza. Viven con un fuerte sentido de la dignidad. Detestan las preguntas y los cuestionamientos. Son personas muy estrictas y siempre buscan la excelencia. Se dan cuenta de todo porque tienen una gran intuición que les advierte sobre complicaciones que puedan surgir.

A los escorpianos les seduce cambiar de piel, por eso están en constante metamorfosis.

Es el signo más sexual de todo el zodíaco. Son seres con un poderoso magnetismo y que brindarán la intensidad de su amor a quienes los sepan seducir.

Su hermetismo se manifiesta a través de los innumerables secretos que nunca confesarán. Vivirán situaciones límite de las que resurgirán con fuerza y coraje. Otra característica es que detestan tener que esperar. También se impacientan cuando alguien se muestra insistente sobre algún tema, y opondrán resistencia.

Por eso, hay que darles espacio para que recarguen sus baterías y ordenen sus sentimientos e ideas. Los nativos de este signo necesitan tener sus espacios, no hay que asfixiarlos. Es importante darles su independencia, para que puedan calmarse cuando lo necesiten.

Las «E» que suman

- Excelencia
- Eficiencia
- Estrategia
- Emoción

Las «C» que restan

- Celos
- Cinismo
- Crudeza
- Clandestinidad

DESEOS

Al ser perceptivos y entrometidos, aunque saben ser discretos, siempre se interesan por conocer los secretos ajenos y son hábiles para desentrañarlos.

Los nativos de este signo sienten un gran interés por los misterios más profundos y oscuros de la vida, y todo lo que implique prohibición y clandestinidad les resultará atractivo;

no solo porque son muy curiosos, sino también porque no son miedosos.

Detrás de esta sed de conocimiento de temas trascendentales, y de su interés por cuestiones de la vida cotidiana, se encuentra la energía de los planetas que lo gobiernan: el poder penetrante de Marte (regente antiguo) y la energía transformadora de Plutón (regente moderno).

AYUDA DE LA PNL

La clave está en buscar la causa de la culpa, por qué se sienten mal con ellos mismos y, en ocasiones, hasta culpables.

Esto ayudará a evitar situaciones incómodas. Deben preguntarse qué les molesta en realidad, en vez de reprimir el enfado en su interior.

MANEJO DE CONFLICTOS

Los escorpianos se aburren con facilidad y buscan desafíos de manera constante. A nivel inconsciente, comprenden que los conflictos les permiten reconocer su fortaleza y los recursos que tienen a su disposición. En ocasiones, mantendrán un silencio incómodo para no agravar las discusiones.

Llenos de contradicciones, siempre quieren saber qué ocurre a su alrededor. Saben ocultar sus auténticos sentimientos y motivaciones, y con frecuencia tienen segundas intenciones.

Suelen resolver los problemas de manera intuitiva al dejarse guiar por su buen olfato.

ODIOS

El escorpión odia ser examinado por los demás y puede perder la paciencia si se le pregunta sobre su intimidad. Además, detesta a las personas que saben más que ellos sobre cualquier tema.

Otra cosa que le cuesta mucho es confiar en una persona que no pertenece a su círculo íntimo; para este signo la confianza es un valor importante y no se establece de un momento a otro, es algo que lleva tiempo. Pero, por encima de todo, rechaza que lo controlen.

Lección que aprender

La lección de vida es aprender a **lidiar con todo lo relacionado con el poder** (no querer tenerlo todo, saber compartir, saber delegar), y **con la intimidad** (abrir el corazón y mostrar los sentimientos, hablar con el otro). Una gran ventaja es que tienes la capacidad de llegar a la raíz de tus problemas y transformarlos en oportunidades.

FANTASÍAS SEXUALES

Los escorpiones son muy apasionados, sensuales y sexuales; esta forma de ser en el terreno sexual puede llevarlos a la infidelidad carnal, pero no así sentimental, ya que son personas cerradas y no suelen compartir sus sentimientos.

Son los nativos del zodíaco más perseverantes en la seducción y en la conquista; cualquier medio sirve para alcanzar su meta, incluso pueden recurrir a la manipulación y al chantaje. Empiezan a seducir a alguien cuando sienten la victoria en sus manos. El impulso sexual es insaciable, sin ningún tipo de tabú. Además, disfrutan de las relaciones que implican una cierta dosis de riesgo.

La mujer de Escorpio es original en la cama y hará algo diferente para seducir al otro y darle placer. Se muestra segura de su atractivo sexual y le gustan los desafíos. Nadie podría convencerla de que el sexo se reduce a ejercicios repetitivos. Desea experimentar sus más profundos deseos y nada la detendrá hasta llevarlos a cabo.

El hombre de Escorpio es salvaje e inflexible en la cama, lo que se dice un especialista del sexo. ¿Qué promete? Llegar al máximo placer sin ningún tabú ni restricción. Y cumple.

Los nativos de este signo son sexualmente compatibles con Escorpio, Cáncer y Capricornio.

La zona erógena por excelencia de ambos sexos son los genitales. Nada puede excitarlos más que el sexo oral.

La fantasía favorita de las personas de este signo es esclavizarse, no para provocarle dolor físico a la pareja, sino que su deseo pasa por rendirse al otro. Y si pueden cumplir este sueño en un sótano, mejor aún, ya que es uno de los lugares favoritos de los escorpiones para mantener encuentros íntimos.

COMPATIBILIDADES EN EL AMOR Y EN LA PAREJA

Alta

• **Escorpio – Tauro:** al ser signos opuestos, combinan fortalezas y debilidades, pero logran equilibrarlas. Es una pareja fuerte y comprometida con su vínculo. Les gusta desafiarse mutuamente, disfrutan de competir. Al ser ambos determinados, podrán superar sus problemas y debilidades y mantener una relación formidable.

• **Escorpio – Cáncer:** llevan adelante un vínculo dinámico que tienden a confundir con hermandad. Tienen mucho en común y disfrutan de la compañía del otro. El lado negativo es que ambos tienen egos frágiles y se enfadan fácilmente. El mal humor sobrevuela el ambiente con bastante frecuencia.

• **Escorpio–Piscis:** como ambos son signos del elemento agua, se entienden a la perfección y sabrán lidiar con cualquier problema que surja en el camino. Escorpio es controlador y manipulador, mientras que Piscis es espiritual y poco práctico. Piscis ofrece una bondad y simpatía que Escorpio sabrá valorar.

Media

• **Escorpio – Virgo:** existe un gran respeto entre ambas partes. Escorpio aprecia el sentido común de Virgo, mientras que este acepta la piedad escorpiana. A Virgo le gusta ayudar a los demás a través del trabajo solidario, por ejemplo, y a Escorpio le gusta estar siempre disponible para su pareja. El problema puede surgir porque a los escorpiones les gusta que les presten mucha atención y los virginianos no siempre estarán dispuestos a hacerlo. Esto podría provocar rencor y resentimiento, y hasta infidelidad por parte del escorpión. Es un dúo que deberá trabajar a fondo para que funcione.

• **Escorpio – Escorpio:** la relación entre ellos es ardiente e intensa. Ambos le exigen más tiempo y dedicación al otro. Se suelen llevar bien pero cuando surjan las disputas, estas serán violentas. Como respuesta a este inconveniente, suelen ignorarse por largos períodos. Deben evitar ser tan extremistas en ciertas situaciones.

• **Escorpio – Capricornio:** la timidez y la introversión los aleja de establecer otras relaciones fuera de la pareja. De hecho, esto puede estorbar el desarrollo de otras relaciones. En general, son solitarios. Forman una combinación única donde ambos disfrutan de un vínculo casi sin apertura al exterior.

Baja

• **Escorpio – Aries:** es casi imposible que puedan formar una relación armoniosa. Siempre están peleando. A ambos les gusta dominar y tienen una ambición desmedida por el poder. Tienen que aprenden a relajarse un poco y a dejar de actuar en contra del otro. Escorpio es más tajante y perseverante que Aries, mientras que este tiene más iniciativa y es más agresivo que Escorpio.

• **Escorpio – Géminis:** este es un vínculo que los llevará a ambos a aprender mucho. Escorpio es más paciente, pero tiende a ser posesivo con Géminis. A pesar de sus diferencias, los dos pueden divertirse mucho juntos. La dificultad principal es su falta de entendimiento; Géminis es extrovertido, mientras que Escorpio es reservado.

• **Escorpio – Sagitario:** si quieren que la relación madure, necesitan tener espacios propios. Tendrán que poner en práctica la paciencia y la tolerancia para asegurar un mínimo de armonía. Sagitario siempre tiene la mirada puesta en descubrir variedad y novedad. Por su parte, Escorpio va a dedicarse a fortalecer los lazos de pareja.

Neutra

• **Escorpio – Leo:** a Escorpio le gusta ser respetado, mientras que Leo quiere ser idolatrado. Tienden a ser posesivos el uno al otro. Cuando Leo brilla, Escorpio aplaude feliz. Por su parte, el escorpión quiere sentirse necesitado, mientras que Leo quiere ser aprobado. Los dos son dominantes, lo cual dará lugar a problemas. Se trata de un vínculo en el que deberán trabajar sus diferencias para poder encontrarse a mitad del camino.

· **Escorpio – Libra:** tienen una relación reparadora. Mientras que Escorpio se centra en que Libra tenga más iniciativa, este trata de imitar la fuerza de voluntad de Escorpio. La mejor faceta de esta relación es el apoyo y el compañerismo mutuos.

· **Escorpio – Acuario:** se trata de un vínculo que requiere trabajo y compromiso. Escorpio es intenso en el terreno emocional y Acuario demasiado idealista. Aunque tienen ciertas similitudes, sus metas y aspiraciones son bastante distintas. Escorpio es más introvertido y disfruta la soledad; Acuario prefiere estar acompañado.

FAMILIA

· Padre de Escorpio

El escorpiano es un padre que habla poco y dice mucho, y solo brinda consejos cuando es necesario. Sabe disfrutar de su familia, aunque, en ocasiones, se muestre autoritario. Lucha por lo que quiere y nadie ni nada lo detiene cuando tiene un objetivo en mente. Es extremadamente posesivo, protector y celoso de los suyos.

• Madre de Escorpio

La madre de este signo ama la profundidad y el misterio en el vínculo con sus hijos. Como suele tomar todo demasiado en serio, debe evitar tomar como propios los problemas de sus hijos.

Tiene don del mando y dentro del hogar sus palabras son órdenes. Es absorbente, protectora e incondicional para sus hijos. Habla poco, pero cuando es necesario brinda consejos acertados.

• Niños de Escorpio

Cuando un niño de Escorpio está presente, todos los ojos se centrarán en él. Son seres cautivantes y lo saben; les gusta concentrar la energía sobre ellos y absorberlo todo. Son bastante misteriosos y tienden a ocultar sus emociones, hasta que sin previo aviso estalla en cólera, para sorpresa de los presentes. Estos niños saben lo que quieren y cómo conseguirlo. No hay que temer a sus habilidades psíquicas. El niño de Escorpio es considerado el manipulador del zodíaco, pues quiere las cosas bajo sus condiciones, y la única forma de que no sigan insistiendo es negociar con ellos o ceder a sus exigencias.

• Adolescentes de Escorpio

Estos adolescentes suelen mostrar una gran necesidad de independencia. Esa autonomía, que puede venir acompañada de terquedad, lo ayudará a fortalecer su confianza en la madurez. En familia, respetad sus decisiones tanto como sea posible, ya que no suelen tomárselas a la ligera, y menos aún si se trata de cuestiones importantes. Si no estáis de acuerdo con ellos, mostradlo sea con cuidado y animándolos a que expliquen sus razones. En ocasiones, hasta se les puede animar a debatir con las personas de su entorno.

Si se les permite tomar sus propias decisiones sin demasiadas objeciones, aunque les cueste poner en palabras sus sentimientos, sabrán ser agradecidos con los adultos.

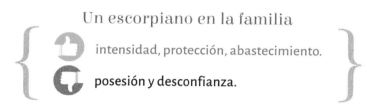

Un escorpiano en la familia

intensidad, protección, abastecimiento.

posesión y desconfianza.

AMIGOS DE ESCORPIO

Los nativos de este signo son apasionados y celosos, y también se muestran así en la amistad, aunque sepan disimularlo. Tienen una relación especial con sus amigos, ya que suelen mezclar el dinero, el poder o el sexo en los vínculos amistosos. Las relaciones con los escorpianos no son sencillas. A pesar de ello, conservarán amistades durante años, porque suelen tener vínculos estables. Siempre aplicarán una dosis de estrategia y misterio en sus relaciones.

MASCOTAS DE ESCORPIO

Con estas mascotas, olvídate de encontrar tus pertenencias donde las dejaste. Son animales astutos y buscan lugares insólitos donde esconderlas; algunos de ellos son realmente asombrosos. Se muestran inocentes, pero es una simple fachada. Les gusta estar estar en un hogar tranquilo, ya que son muy sensibles con las malas vibraciones. Son muy tercos y cuando no quieren hacer algo, consiguen no hacerlo. Nunca acabarás conociéndolos de verdad.

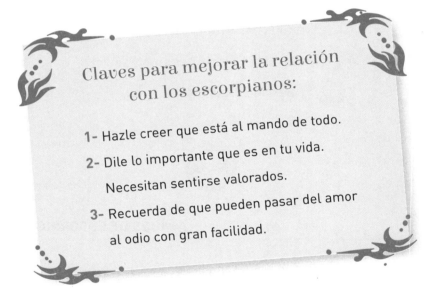

Claves para mejorar la relación con los escorpianos:

1- Hazle creer que está al mando de todo.

2- Dile lo importante que es en tu vida. Necesitan sentirse valorados.

3- Recuerda de que pueden pasar del amor al odio con gran facilidad.

JEFES DE ESCORPIO

Uno de los rasgos de la personalidad de este signo es la seriedad. Los jefes de Escorpio también son serios y están centrados en alcanzar el éxito de la empresa donde trabajan.Por este motivo, imponen normas muy exigentes a sus empleados y esperan que ellos rindan al máximo cada día. En su rol de líderes no aceptan pretextos por trabajos mediocres, prefieren que se admita con sinceridad un error a tener que escuchar excusas para justificar los errores en las tareas asignadas. Poderosos y dominantes, no permiten que se cuestione su autoridad. Sus principales fortalezas son la protección y la justicia. Su estilo interactivo es dominante.

LOS *SÍ* Y LOS *NO* EN UNA ENTREVISTA LABORAL

Los escorpianos hechizarán a sus entrevistadores de forma natural, ya que saben demostrar su profesionalidad de manera convincente. Para ellos, las entrevistas son un desafío y un juego de poder, y así las encaran cada vez que se enfrentan a una. Suelen estar muy bien preparados y, antes de la cita, se harán con toda la información posible sobre la empresa. Durante el encuentro se las ingeniarán para hacer las preguntas correctas y demostrarán sus conocimientos sobre la compañía. Sabrán transmitir con pasión cuánto les gustaría conseguir el puesto en cuestión. Sin embargo, su tendencia a ocultar los puntos débiles de su historial laboral puede hacerles fracasar en la obtención del puesto de trabajo.

 analiza al entrevistador para montar una estrategia ganadora.

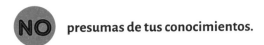 **presumas de tus conocimientos.**

DINERO Y FINANZAS

Son personas que cuidan al detalle sus ingresos y ahorros, y hasta pueden esconderlos. Es probable que tengan una cuenta bancaria confidencial o dinero escondido en el bolsillo de un pantalón o en una caja de seguridad. Nadie sabe exactamente qué hacen con el dinero.

A ellos no les importan los medios con tal de alcanzar sus objetivos. Se puede estar de acuerdo o no con sus tácticas y estrategias, pero van a conseguir más éxitos que ningún otro signo del zodíaco.

Valoran mucho el poder que da el dinero y la posibilidad que este les brindará de alcanzar sus metas a través de la manipulación. Su cita favorita es la del escritor alemán Ernst Jünger que dice así: «Nada es más peligroso que la riqueza sin poder».

Las inversiones les brindan la privacidad y la seguridad que tanto desean. Las más apropiadas para ellos son los bonos de las empresas de caucho, plásticos y papeleras.

TÁCTICAS DE NEGOCIACIÓN

Antes de empezar a hacer cualquier transacción, piensan y analizan todo a fondo. Son difíciles a la hora de negociar. Con su típico sarcasmo, dan fácilmente en el blanco. La estrategia clave con ellos es evitar que manipulen al otro. Pero no solo eso, también deben intentar no amenazar a sus pares, pues esta conducta solo los perjudicará y reducirá las posibilidades de negociación.

AUTOESTIMA

En los pocos momentos en los que Escorpio siente algo de arrepentimiento y culpa, su autoestima se ve afectada. Pero enseguida se plantea otro objetivo, se recupera y vuelve a apoyarse en su autoestima y sentido del valor. No suele perder de vista la confianza en sí mismo.

VACACIONES

Los lugares misteriosos son sus favoritos. Por lo tanto, los destinos alejados del ruido y de las multitudes les gustan por su preferencia de la soledad. En este sentido, una cabaña o un paraje aislado y rodeado por la naturaleza serían lugares ideales para ellos. Al ser los nativos más fuertes del zodíaco, resisten cualquier condición climática.

Pero no todo es soledad y aislamiento; también les gusta descubrir nuevos destinos y conocer gente. Cuando se lo proponen, consiguen que cada viaje sea mejor al anterior, incluso pueden proponer destinos exóticos y originales. De estas experiencias se llevarán lecciones que incorporarán a su vida.

Las ciudades escorpianas argentinas son: Ushuaia, Mar de las Pampas y El Chaltén.

Sus mejores compañeros de viaje son los piscianos. Mantienen una relación amigable, fluida y saludable para ambos. Tienen un alto nivel de entendimiento. Piscis es bastante tolerante con los planes secretos de Escorpio, y este admira el idealismo y la alegría de Piscis.

COMPETICIÓN

Quieren ganar siempre y a cualquier precio, y en una competición intentarán liquidar a sus rivales. Pueden atemorizarlos con advertencias sobre secretos que saldrán a la luz y, de este modo, conseguir el control y el poder sobre el otro. Son competidores feroces, muy buenos estrategas, y alimentan su ego venciendo al contrincante. Cuando intuyen o perciben que podrían perder o que su juego ha quedado al descubierto, empiezan a pensar en una nueva táctica. Para ellos, mañana será otro día y habrá una nueva oportunidad de competir... para ganar.

» Desafíos que afrontar

Entre los puntos a mejorar, en primer lugar, **tienes que aprender a acabar lo que has empezado.**

También deberías eliminar el hábito de aferrarte a tus posesiones para sentir seguridad. Tienes miedo de las crisis; a veces demasiado.

Por lo tanto, tu principal desafío consiste en **evitar controlar demasiado las situaciones o a las personas,** ya que al actuar así podrían surgir problemas en las relaciones personales o laborales.

OCIO

Les interesa la formación y la educación en general, no solo para avanzar en su carrera u oficio, sino también como un medio para mejorar económicamente. En este sentido, los cursos de formación profesional y de educación continua pueden resultarles útiles.

Sus intereses pueden incluir, además, el misticismo, el yoga y cualquier otra materia relacionada con este tipo de disciplinas, que estimularán su necesidad de investigar. Evitarán involucrarse en grupos grandes debido a su timidez inicial.

NECESIDADES EMOCIONALES

Estos nativos necesitan sentir la pasión en el área emocional. En este contexto, tienen que aprender a diferenciar lo que suma y mantiene un vínculo de lo que provoca todo lo contrario y lo destruye.

Necesitan formar parte de una comunidad, por ejemplo, de una familia, donde sientan que tienen su lugar y están protegidos, pero al conseguirlo, muchas veces pierden su individualidad o, por lo menos, lo sienten así.

ENFADOS

Las personas de este signo detestan que los demás los vean durante un momento de debilidad. Cuando se enfadan, sienten una rabia profunda y sacan lo peor de sí mismos. Son capaces de destruir a su contrincante, con argumentos intimidatorios, en el momento adecuado. Son oportunistas y vengativos, tanto a corto como a largo plazo; no se olvidan de los malos momentos que les hicieron pasar. Les gusta discrepar y pueden ser mezquinos y sarcásticos con su «víctima». Debido a su inseguridad, siempre están a la defensiva.

HERIDAS

Poner límites a un escorpiano no es tarea fácil y hasta puede volverse problemático. Se suelen sentir bloqueados, limitados e intimidados ante el poder de los demás y hasta sentirse frustrados, pero preferirán ocultarlo. Son vulnerables a la traición y al abuso de poder, y no manejan bien estas situaciones.

Se sienten heridos y se angustian cuando se les paga con la misma moneda. Cuando son víctimas del concepto del «ojo por ojo, diente por diente», la herida no está causada tanto por el hecho en sí, como por saber que la otra persona es capaz de hacer lo mismo que ellos hicieron antes.

DEPORTES

Les encanta la competitividad en todas sus formas; los apasiona, los revive, les da vitalidad. Se trata de de ese tipo de deportistas que dejan todo en la cancha; son seguros de sí mismos y tienen una sensación de poder interior que los distingue de otros jugadores. Uno de los rasgos propios de los escorpianos es el enorme deseo de alcanzar sus metas, y poseen la arrogancia necesaria para asumir los riesgos. Sienten un poder interno que los distingue de las demás personas.

Es justamente por este atrevimiento y fortaleza que, a la hora de competir, suelen ganar. Esta misma pasión por la competitividad también les sirve como forma de motivación para conquistar nuevas metas.

Su exceso de energía debería ser canalizado en alguna actividad física, cuanto más competitiva, mejor. Si se trata de deportes «tranquilos», el alpinismo y el tiro pueden ser buenas opciones para este signo, mientras que los deportes que deberían evitar son el levantamiento de pesas y la acrobacia. Sin embargo, como les gusta brillar en una competición, cuando tienen posibilidad de lucirse en un deporte en equipo no dudarán en hacerlo. Dobles de tenis, fútbol y *hockey* estarían entre sus favoritos.

MIEDOS

Emocional y profundo, el escorpiano es proclive a las obsesiones. Todos los temas que pueden considerarse tabú, como la muerte, las rupturas, las herencias y el sexo son fuente de miedos profundos. Todo lo referente al dinero es su centro de atención y tienen terror al fracaso económico y a la carencia en este ámbito.

Su principal fobia es la catagelofobia, que es el miedo exagerado a hacer el ridículo, a que se rían de ellos.

SENTIDO DEL HUMOR

Les gusta emplear el humor negro o sexual en su vida cotidiana. Suelen hablar siempre con dobles sentidos, refiriéndose a situaciones de enfermedades y muertes de manera algo burlona, lo cual podría provocar reacciones violentas y desagradables en sus interlocutores.

EL PERDÓN

Pueden vivir toda la vida sin perdonar una ofensa. Es un signo muy vengativo que puede acabar con una amistad o una aventura amorosa sin ningún remordimiento. Sin embargo, a ellos les gusta saber el porqué de cada ofensa que reciben, y así pensar de qué manera vengarse... Si realmente deseas que alguien de este signo te perdone, tendrás que aprender a esperar, insistir en tus muestras de afecto y demostrarle tu devoción hasta que Escorpio decida darte una segunda oportunidad.

LA SOMBRA

Los nativos de este signo conocen su lado oscuro y son conscientes de su propia oscuridad, la cual afrontan a diario. Esta sombra suele manifestarse en su sed de venganza, que muchas veces entorpece su mirada. Este deseo puede, en algunos momentos de su vida, convertirse en energía negativa que, como si fuera un vampiro, irá absorbiendo su impulso vital. Al estar centrados en sí mismos y en sus valores, es difícil que puedan ver la realidad de manera objetiva. Es un punto a trabajar, sin duda.

HÁBITOS

Muchas veces se enfadan sin necesidad y, por si fuera poco, lo mantienen durante mucho tiempo. Necesitan aprender a relajarse un poco y evitar enfadarse sin sentido con los demás.

Una sesión de masajes descontracturantes, pasar un rato en un hidromasaje o un día en un *spa* pueden servirles para bajar el nivel de estrés y relajarlos.

SALUD

Este signo rige el aparato reproductor femenino y masculino en su totalidad.

Las patologías que pueden padecer son: hemorragias, hernias, hemorroides y enfermedades sexuales.

Escorpianos famosos

- Katy Perry
- Bill Gates
- Julia Roberts
- Diego Armando Maradona

CITAS DE ESCORPIANOS FAMOSOS

· LEONARDO DI CAPRIO

«Recuerdo ser rechazado sistemáticamente por los responsables de castings. Me sentía totalmente fuera y que jamás pertenecería a ese club».

«En la escuela, fui el chico que siempre trataba de llamar la atención, no necesariamente el payaso de la clase, pero hacía pequeñas e inesperadas actuaciones».

· THEODORE ROOSEVELT

«Mira hacia las estrellas, pero mantén los pies firmes en el suelo».

«El único hombre que nunca comete errores es el hombre que nunca hace nada».

EL HELECHO Y EL BAMBÚ
(FÁBULA ANÓNIMA)

Un día decidí darme por vencido... Renuncié a mi trabajo, a mi relación, a mi vida. Fui al bosque para hablar con un anciano que decían que era muy sabio.

–¿Podría darme una buena razón para no darme por vencido? –le pregunté.

–Mira a tu alrededor –me respondió–. ¿Ves el helecho y el bambú?

–Sí –respondí, mirando el tallo del bambú, alto, fuerte y robusto, junto a los helechos que se extendían a sus pies.

–Cuando sembré las semillas del helecho y el bambú, las cuidé muy bien. El helecho creció rápidamente. Su verde brillante cubría el suelo. Pero nada salió de la semilla de bambú. Sin embargo, no renuncié al bambú. En el segundo año, el helecho creció más brillante y abundante. Y, nuevamente, nada creció de la semilla de bambú. Pero no renuncié al bambú. En el tercer año, nada brotó de la semilla de bambú. Pero no renuncié al bambú. En el cuarto año, siguió sin salir nada de la semilla de bambú. Pero no renuncié al bambú. En el quinto año, un pequeño brote de bambú se asomó en la tierra. En comparación con el frondoso helecho, era aparentemente muy pequeño e insignificante. El sexto año, el bambú creció más de veinte metros de altura. Se había pasado cinco años echando raíces que lo sostuvieran. Aquellas raíces lo hicieron fuerte y le dieron lo que necesitaba para sobrevivir.

Asentí con asombro.

–¿Sabías que todo este tiempo que has estado luchando, sin que aparentemente pasara nada, realmente has estado echando raíces? –le dijo el anciano, y continuó–: No te compares con otros. El bambú tiene un propósito diferente al del helecho, sin embargo, ambos son necesarios y hacen del bosque un lugar hermoso… Tu tiempo llegará y ¡crecerás muy alto!

–¿Cómo de alto? –quise saber.

–¿Y cómo de alto será el bambú? –me interrogó como respuesta, continuando con su habitual práctica.

–¿Tan alto como pueda…? –indagué.

–Nunca te arrepientas de un día en tu vida. Los buenos días te dan felicidad. Los malos días te dan experiencia. Ambos son esenciales para la vida. Si no consigues lo que anhelas, no desesperes. Quizá solo estés echando raíces…

Sagitario

«La mayoría de las personas
gastan más tiempo y energías
en hablar de los problemas
que en afrontarlos».

HENRY FORD

S OBERBIOS

A VENTUREROS

G ANADORES

I NCONSTANTES

T ALENTOSOS

A RDIENTES

R AROS

I MPONENTES

O PTIMISTAS

SAGITARIO

- **Símbolo:** centauro.

- **Elemento:** fuego.

- **Modalidad:** cambiante.

- **Planeta regente:** Júpiter.

- **Metal:** estaño.

- **Color:** turquesa.

- **Lema:** yo veo.

- **Características principales:** son personas optimistas, entusiastas, divertidas. Les apasiona viajar, son ciudadanos del mundo. Siempre buscan expandir sus horizontes.

- **Palabras clave:** filosofía, aspiraciones, ideales, comprensión, negación.

- **Intereses:** aman la naturaleza y las actividades al aire libre. Salir de acampada y practicar deportes solo aptos para aventureros, como el barranquismo, el vuelo sin motor y el motociclismo, son sus actividades favoritas.

- **Amor:** cuentan con una alta compatibilidad con Aries, Géminis y Leo. Compatibilidad media con Libra, Sagitario y Acuario. Compatibilidad baja con Tauro, Virgo y Piscis.

- **Desafíos:** si se dejan llevar por sus miedos pueden convertirse en personas infantiles.

- **Son hábiles para:** conseguir que todo se adapte a su vida sin hacer demasiados esfuerzos.

- **Ocupaciones:** filósofo, traductor, explorador, guía turística, deportista, licenciado en comercio exterior, docente.

- **Vínculo con el dinero:** pueden conseguir la libertad financiera por estar en el lugar adecuado en el momento indicado, y manteniendo, como siempre, una actitud optimista. Si actúan de esta manera no tendrán límites.

- **Partes del cuerpo:** las caderas, el sacro, los muslos, los músculos de los glúteos, el nervio ciático y las articulaciones.

- **Regalos:** ropa deportiva, billetes de avión o barco y cualquier experiencia cargada de adrenalina.

MITOLOGÍA

n la mitología griega, Zeus es el padre de los dioses y de los hombres. Salvado al nacer de ser comido por Cronos, su padre, Zeus nació en la isla de Creta, donde fue escondido por su madre, Rea.

Cronos reclamó a su hijo recién nacido para tragarlo como al resto de sus hijos e impedir que cuando fueran mayores se levantasen en su contra. Para evitar que esto ocurriera, Rea le entregó a cambio una roca envuelta en pañales que Cronos se comió sin dudar.

Rea escondió a Zeus en una cueva de Creta, donde fue criado y cuidado. Cuando creció y se convirtió en adulto, subió al Olimpo a enfrentarse con Cronos, y así pudo rescatar a sus hermanos que habían sido devorados.

RASGOS DE PERSONALIDAD

Sagitario es el noveno signo del zodíaco. Pertenece al elemento fuego y a la modalidad cambiante.

Los nativos de este signo son optimistas, amantes de la libertad, joviales, honrados, indiscretos, sinceros, inquietos, aventureros y flexibles. Sagitario tiene fama de no querer comprometerse, y es cierto. El problema surge porque se aburren con facilidad.

Son personas espontáneas y sin prejuicios en lo que se refiere a su vida sentimental. Se deleitan en la búsqueda de aventuras sexuales y van por la vida seduciendo a cada paso.

Suelen tomar decisiones imprudentes, sin llegar a aprender de los errores propios ni de los ajenos.

Les interesa lo espiritual. Son libres en su sexualidad y desconocen la inhibición. Detestan los límites. A la hora de adquirir conocimiento, son autodidactas.

Para evitar sentirse inquietos en otras áreas de su vida, los nativos de este signo necesitan practicar actividad física.

Al ser personas muy aventureras, en todo momento desean explorar «nuevos territorios». Algunos centauros podrán calmar dichos deseos con viajes, nuevos estudios y actividades, mientras que otros no lo conseguirán.

Las «A» que suman

- Alegría
- Audacia
- Aventura
- Autonomía

Las «S» que restan

- Soberbia
- Sordidez
- Sarcasmo
- Superficialidad

DESEOS

Los sagitarianos desean viajar física y mentalmente. Su mayor peligro es la velocidad con que lo hacen. También anhelan divertirse, ya que creen con fervor que la vida es demasiado corta para ser infeliz.

Suelen tener mascotas, ya que aman a los animales, y son capaces de dejar todo de lado para cuidarlas.

Los centauros disfrutan tomando riesgos importantes si tienen la corazonada de que van a salir beneficiados. Muchos son grandes inversionistas, mientras que otros se inclinan más por los juegos de azar.

Cuando te liberas de un deseo, es cuando lo consigues. ¿Sabías eso? Entonces la pregunta debería ser: ¿Qué ha cambiado para que tu deseo se haya materializado? La forma en que lo anunciaste, en que lo manifestaste. La persona de este signo tiene que pensar en las cosas que quiere como si ya las hubiese conseguido. Este cambio en la forma de visualizar su deseo hace que su cerebro emita nuevas señales que lo animan a alterar su comportamiento y así alcance los resultados que se propone.

MANEJO DE CONFLICTOS

El mayor problema de los sagitarianos es que no saben escuchar ni entender lo que el otro les dice. Ellos están «demasiado ocupados» para prestar atención y escuchar de verdad. Suelen proyectar el reproche hacia los demás y, de este modo, se niegan a reconocerse como parte del conflicto. Intentan controlar la situación elevando el tono de voz, pero perdonan con facilidad y pronto se olvidan del episodio. Para resolver los conflictos se apoyan en su actitud optimista.

Las personas de Sagitario detestan el rechazo de los demás. Por otro lado, al tener un temperamento inquieto, no son amigos de las rutinas. No les gusta las tareas administrativas y, mucho menos, los trámites. Otra situación que los pone de mal humor es que alguien dude de su palabra; sienten que no merecen semejante trato. Pero, por encima de todo, rechazan la falta de libertad.

Lección que aprender

La clave está en **aprender a identificar tus sentimientos.** A veces, te centras tanto en tus obligaciones cotidianas, que no te paras a pensar en qué te pasa y qué sientes. También acostumbras confundir la soberbia con otros sentimientos que te cuesta identificar y admitir que los tienes. El principal desafío, entonces, pasa por hacer un trabajo interno, para **conocerte más y descubrir tus auténticos sentimientos y emociones.** Una vez que los puedas poner en palabras, tendrás una mayor perspectiva sobre cualquier asunto y podrás encararlo y resolverlo con mayor facilidad.

FANTASÍAS SEXUALES

A la mujer de Sagitario le gusta explorar y aprender nuevas técnicas y posiciones. No se negará ante una propuesta, decente u obscena, ya que no puede imaginar su vida sin aventuras ni libertad.

A pesar de su encanto y de las propuestas que recibe, en general esta mujer desea encontrar un amor ideal, pero mientras tanto disfrutará de la búsqueda. En el arte del amor es aventurera, creativa y experimental. También es bastante protectora con su compañero.

Un hombre de Sagitario puede garantizarte orgasmos múltiples y el uso de las más variadas técnicas sexuales. Su excitación es rápida. Aceptará cualquier experiencia o fantasía clandestina. Nunca escatimará placer a su pareja, ya que es generoso por naturaleza.

«En la variedad está el gusto», dice el refrán, y Sagitario lo lleva a la práctica en sus relaciones románticas. Todo lo que le permita salir de la cotidianidad es bienvenido. Disfruta de las relaciones sexuales poco complicadas, pero a la vez emocionantes. Es un amante directo y rápido.

Su fantasía es tener un encuentro sexual con una persona famosa.

Los nativos de este signo tienden a crear dependencias físicas, sexuales e incluso económicas. Les atrae explorar las regiones ocultas de la personalidad de su pareja, con el fin de encontrar sus puntos débiles.

Son sexualmente compatibles con los nativos de Sagitario, Leo y Géminis.

Si de lugares se trata, les gustan los que tienen movimiento, así que tener un encuentro íntimo en un avión o un barco es una fantasía que desean cumplir.

En cuanto a las zonas erógenas, los muslos son un área que, si reciben el estímulo adecuado, les pueden proporcionar un inmenso placer tanto a ellas como a ellos. Hacer un masaje en esa zona, con el uso de algún aceite, cubriendo la parte interna y externa de las piernas hasta llegar a sus caderas, los hará alcanzar grandes dosis de placer.

COMPATIBILIDADES EN EL AMOR Y EN LA PAREJA

Alta

• **Sagitario – Aries:** la relación entre ellos es muy amorosa y compatible. Esta pareja disfruta real de las propuestas de la otra parte. Se entienden y disfrutan tanto de las aventuras como de los momentos de ocio. Aries es más sensible que Sagitario, por lo cual este deberá pensar antes de decir algo que pueda herirlo.

• **Sagitario – Géminis:** se trata de un vínculo de opuestos complementarios. Siempre que Géminis proponga una nueva idea, Sagitario estará ávido de explorar y aprender sobre ello. Ambos tienden a pasar por alto muchos temas, ya que Géminis es inconstante y Sagitario es apresurado.

• **Sagitario – Leo:** se necesita mucho cuidado, ya que esta combinación puede ser explosiva. Ambos son seres muy dinámicos y con gran entusiasmo por la vida. Cada uno anima al otro a superarse en las metas propuestas. Es un vínculo muy satisfactorio. Los dos son carismáticos y encantadores.

Media

• **Sagitario – Libra:** esta pareja es equilibrada y compatible. Se entienden muy bien, más allá de la palabra. Ambos ven la vida con optimismo y esperanza. Sagitario es un explorador en busca de sabiduría. Libra prefiere tender puentes a los demás y estimula constantemente a su compañero. Entienden que la experiencia de vida está por encima de cualquier aprendizaje teórico.

• **Sagitario – Sagitario:** esta combinación tiene todos los ingredientes para convertirse en una relación inteligente. Son tan similares que hasta consiguen mimetizarse en sus intereses. Tienen una curiosidad insaciable y sus conversaciones los estimulan y entretienen. Se conocen tanto que saben intuitivamente lo que piensa y siente el otro.

• **Sagitario – Acuario:** disfrutan de una relación muy especial. Llegan a ser grandes amigos y compañeros de vida. Son seres desinhibidos. En ocasiones, se puede transformar en un vínculo competitivo que libera mucha adrenalina en ambos. Sagitario admira la creatividad y la visión de Acuario.

Baja

• **Sagitario – Tauro:** este dúo deberá tomarse el trabajo para entender al otro en sus diferencias y necesidades. Tienen mucho que aprender mientras pasan tiempo juntos. Sagitario crece en la variedad y la novedad; Tauro está satisfecho con la seguridad y la tradición. Podría resultar difícil para el taurino aceptar la constante inquietud de Sagitario.

• **Sagitario – Virgo:** Sagitario adora explorar y encontrarse con nuevas personas y situaciones, mientras que Virgo es introspectivo y reservado. Es una relación que va a necesitar mucho trabajo y compromiso por ambas partes, ya que son signos muy distintos entre sí.

• **Sagitario – Piscis:** es una relación compleja que conllevará trabajo. Son distintos, pero pueden aprender a acompañarse y cuidarse entre sí. La atracción sexual puede servirles cuando empiezan a conocerse, pero por sí sola no es suficiente para mantener unida a una pareja a largo plazo. Además, podrían tener problemas económicos, ya que ninguno de los dos es particularmente hábil en ese terreno. El optimismo sagitariano junto a la negación pisciana no será una buena combinación para resolver este tipo de cuestiones.

Neutra

• **Sagitario – Cáncer:** estos signos tienen formas distintas de actuar, ya que Cáncer es emocional y romántico, y Sagitario es acción pura. Además, los cancerianos son mucho más hogareños que los sagitarianos y esto también puede provocar fricción en la relación. Sagitario querrá dominar a Cáncer y eso no será bien recibido. Los obstáculos estarán presentes, no será una unión sencilla, pero tienen mucho que ganar e incorporar del otro si consiguen un punto de encuentro y entendimiento. Poseen el potencial para ayudarse entre sí y comprender las metas y los objetivos del otro.

• **Sagitario – Escorpio:** con paciencia y compresión pueden establecer un vínculo de confianza mutua y compañerismo. Sagitario aporta diversión y excitación a la relación, mientras que Escorpio anima al otro a ser más comprometido. Sagitario puede encontrar al escorpión algo terco e inflexible y, a su vez, Escorpio puede ver al sagitariano como alguien demasiado caprichoso e inmaduro. Es una combinación complicada con pocas posibilidades de éxito a largo plazo.

• **Sagitario – Capricornio:** les conviene renovar el vínculo de forma diaria. No siempre pueden comprenderse ni beneficiar al otro. Son como el agua y el aceite; Sagitario es libre e impaciente y se mueve a su antojo, mientras que Capricornio se obsesiona con el deber. Al primero le gusta el bullicio y al segundo, la paz. Les esperan muchas charlas si quieren darse una oportunidad. Es una relación compleja y que podría frustrar a ambos.

FAMILIA

• Padre de Sagitario

Es simpático, emotivo y popular. Sabe hacerse querer, sobre todo, por su sentido del humor. Se esfuerza por darles lo mejor a sus hijos. Le encanta vivir con comodidad pero, a pesar de sus ocurrencias, no siempre sabe llegar al corazón de sus hijos.

• Madre de Sagitario

Es la madre más divertida del zodíaco, porque tiene presente que la niñez es breve. Es optimista y anima a que sus hijos vean lo mejor en ella. Puede mostrarse un poco infantil, pero es parte de su encanto. Lucha por darles un patrimonio digno y una buena educación. Sabe hacerse querer.

• Niños de Sagitario

Si ves que hay un niño despreocupado en un grupo, seguro que es un sagitariano. Ellos van a su propio ritmo, porque adoran explorar, tanto las personas como los lugares, y por supuesto, ¡los juguetes! Son independientes y de espíritu libre, con lo cual es indispensable que cuenten con todo el espacio posible en su casa para jugar, caminar y saltar, ya que se entretienen solos. Son como «esponjas», absorben todo lo que viven, se empapan de todas las situaciones, sin tenerle miedo a nada ni a nadie. Tienen una gran energía y practicarán deportes durante horas. Solo se detendrán cuando estén agotados. Para resumir, el niño de Sagitario es el descubridor del zodíaco, ya que tiene libertad y una mente curiosa para llevar a cabo sus aventuras e investigaciones.

· Adolescentes de Sagitario

Con los adolescentes de este signo hay que ir con cuidado, no meterles prisa, evitar las discusiones con ellos, así como evitar imponerles la autoridad porque sí.

Si sienten que no se les respeta, lo primero que harán es pasar más tiempo fuera de casa.

Si se insiste en decirles que «deben» estudiar una cierta cantidad de tiempo para obtener resultados, pueden llegar a descuidar sus estudios totalmente. Es simple: les disgusta que les digan qué deben hacer. Sin embargo, si les explicas el motivo que hay detrás de esa petición, con paciencia y en detalle, en lugar de dar órdenes, conseguir tu objetivo con mayor facilidad ya que los sagitarianos mostrarán cooperación. Hay que darles libertad pero vigilando que no se convierta en libertinaje.

Un sagitariano en la familia

optimismo, curiosidad, sensatez.

pedantería, condescendencia.

AMIGOS DE SAGITARIO

Los sagitarianos están hechos para la amistad, son sociables, divertidos y tienen mucho sentido del humor. Son los amigos perfectos, sobre todo para las salidas y los viajes.

Cuando se convierten en moralistas son un poco aburridos. Detestan las amistades ordenadas, con encuentros rutinarios.

Son personas alegres y generosas. Tienen buena memoria y la emplean en sus relaciones de amistad; son ellos quienes recuerdan todas las fechas importantes.

MASCOTAS DE SAGITARIO

Quieren pasear todo el día. Disfrutan estando afuera y en contacto con nuevas personas y animales. Son mascotas muy independientes que necesitan pasear libremente, y hasta son capaces de escaparse en busca de nuevas aventuras. Detestan estar atados. Les gusta jugar con pelotas y correr junto a otros animales. Tienen buen carácter.

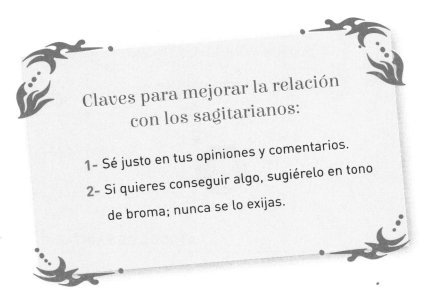

Claves para mejorar la relación con los sagitarianos:

1- Sé justo en tus opiniones y comentarios.

2- Si quieres conseguir algo, sugiérelo en tono de broma; nunca se lo exijas.

JEFES DE SAGITARIO

Debido al alto grado de independencia e individualismo que tienen los líderes de este signo, los empleados no siempre consiguen satisfacerlos. Son jefes que siempre tienen su mente ocupada con nuevas ideas y proyectos, a tal punto que al resto del equipo le puede resultar difícil seguirles el ritmo. Más aun, no suelen tomarse el tiempo necesario para comunicar sus pensamientos y transmitir dichas ideas de manera clara a los empleados; lógico, pues prefieren que sus propias acciones hablen por ellos. Sus principales fortalezas son la rapidez y la independencia. Su estilo interactivo es autónomo.

LOS *SÍ* Y LOS *NO* EN UNA ENTREVISTA LABORAL

La persona que entreviste a un Sagitario se entusiasmará con su optimismo. En una conversación de trabajo, es importante no interrumpir ni hablar por encima de quien lleva adelante la entrevista, y también evitar hacer bromas sobre sus logros. Deben demostrar entusiasmo y comentar que les encanta viajar.

Los entrevistadores admiran la honestidad, aunque hay que tener cuidado; no hay que tomar demasiada confianza, pero tampoco limitarse al discurso. La informalidad en la expresión oral no está muy bien vista. Deben recordar que en una entrevista laboral todo cuenta y están siendo evaluados de principio a fin. El objetivo es transmitir y potenciar lo mejor de uno mismo.

SÍ demuestra que estás deseoso por el presente, sin poner tanto énfasis en el futuro.

 NO mires tu reloj o manifiestes aburrimiento durante la entrevista.

DINERO Y FINANZAS

Los sagitarianos pueden alcanzar la libertad financiera solo con estar en el lugar correcto en el momento adecuado, y manteniendo, como siempre, una actitud optimista. Hay tres claves importantes para este signo de fuego: en primer lugar, Sagitario puede ser un experto en ventas porque sabe correr la voz sobre un producto o servicio y jamás se cansa de anunciarlo de una manera positiva. En segundo lugar, no se desvía de un proyecto especial, aunque adora la variedad. Y, por último, está seguro de conseguir al próximo cliente en cuanto tenga la oportunidad de comunicarse con la persona en cuestión.

Gobernado por Júpiter, el planeta de la abundancia, el signo del centauro tiene la suerte de que las cosas parecen caerle en sus manos cuando las necesita.

Su cita predilecta es la siguiente de William Shakespeare: «Si el dinero va por delante, todos los caminos están abiertos».

Las inversiones más apropiadas para ellos son los bonos de empresas exportadoras.

TÁCTICAS DE NEGOCIACIÓN

Al llevar acabo negociaciones, no les interesa perseguir a la otra parte.

Tienen metas poco realistas, pero a pesar de ello siempre mantienen la fe en alcanzar sus objetivos. La estrategia que deben utilizar es convertir los grandes obstaculos en pequeños. Un consejo para lograrlo es separar la autovaloración de la de los demás. Al aplicar frialdad en el trato, se consigue más. Un negociador de este signo siempre está buscando la manera de romper con ciertos desafíos, y hace concesiones para alcanzar el acuerdo.

AUTOESTIMA

Sienten más necesidad de dar que de recibir. Su generosidad está relacionada con su autoestima y, por eso, necesitan considerarse bondadosos antes que necesitados. Al valorar su autoestima, también aprecian que las personas que los acompañan tengan una buena estima de ellos mismos. La independencia y la libertad son valores absolutamente necesarios para estos nativos.

VACACIONES

Suelen estar centradas en la exploración y en la necesidad de vivir nuevas experiencias. Se les podrá encontrar escalando, conversando con una tribu de aborígenes (y de paso tratarán de aprender sus costumbres), o haciendo paracaidismo. Para ellos, la adrenalina surge de experimentar, saborear y aprovechar hasta los momentos más insospechados para hacer alguna actividad o paseo. Su personalidad carismática les permite conectarse con individuos de diferentes culturas sin ningún problema.

Es el signo viajero por excelencia, y, ¡por supuesto!, adoran viajar. En este sentido, son los compañeros ideales, ya que cualquier ciudad los fascinará. Siempre tienen el equipaje listo para partir. Adoran la aventura y probar nuevas actividades. Su amor por el deporte los puede atraer hacia un lugar donde tengan la posibilidad de practicar alpinismo, esquí o paracaidismo. También disfrutan de montar a caballo. Prefieren ir a lugares con filosofías, religiones, y estilos de vida distintos a los propios.

Las ciudades sagitarianas argentinas son: Las Leñas, Ushuaia, Villa La Angostura y El Calafate.

Su mejor compañero de viaje es de Leo. Ambos sienten un amor genuino por la vida y por las aventuras. Se complementan muy bien.

COMPETICIÓN

Para ellos una competición es un aprendizaje; aunque pierdan, lo tomarán como una nueva oportunidad para mejorar sus herramientas para competir, aunque eso implique tener que aprender de sus rivales. No son los más competitivos del zodíaco, son más de mucho ruido y pocas nueces; se envalentonan, pero no siempre lo mantienen en la práctica.

» Desafíos que afrontar

Si naciste bajo este signo del zodíaco, puede que tengas dificultades para comprometerte. Es conveniente que **trabajes más en tus habilidades de comunicación** e intentes vivir con una actitud más expansiva, compartiendo conocimiento y experiencias con los demás. También es necesario que **desarrolles la tolerancia.**

OCIO

Los sagitarianos tienen una mente curiosa que necesita estimularse a través de la educación, los viajes, la religión y la filosofía, entre otras cosas que pueden ser de su interés.

Adoran la naturaleza y las actividades al aire libre. Les gusta irse de acampada y también deportes como barranquismo, *rafting*, navegación a vela, vuelo sin motor y motociclismo. En general, no son miedosos y disfrutan de probar nuevas actividades.

NECESIDADES EMOCIONALES

Es importante que aprendan a manejar su propia libertad. Cuando sus necesidades no se ven satisfechas, sienten miedos que se intensifican al negar la realidad. Podrían evitar problemas inmediatos si se enfocaran un poco más en el futuro. Necesitan pasar de una actividad a otra para huir de las auténticas responsabilidades.

ENFADOS

Los sagitarianos se enfadan muy rápidamente y, cuando estén enfadados, no dudarán en defenderse con palabras duras. La ofensa será importante para quien la reciba, pero ellos solo se disculparán por la manera en que dijeron las cosas, no por lo que han dicho. Sus comentarios desbocados pueden ofender incluso a la persona más insensible. Pueden ser bastante indiferentes a los sentimientos de los demás. Siempre se sentirán víctimas de las circunstancias y puede que olviden las heridas que han provocado.

HERIDAS

Se sienten heridos cuando se les recuerdan situaciones del pasado. Para ellos, todo lo ocurrido en el pasado debe quedar allí y no regresar. Los viejos errores les traen remordimientos, culpa y una mezcla de sensaciones que los entristece mucho. Prefieren centrarse en el presente y vivir nuevos retos y experiencias.

DEPORTES

Las personas de este signo se caracterizan por su inquietud, curiosidad y su deseo de abrazar la gloria. Están interesados en todo y les resulta complicado concentrarse en una sola cosa a la vez.

Probarán todos los deportes posibles, para luego concentrarse en los que más les atraigan.

Disfrutan sobre todo de aquellas disciplinas en las que pueden demostrar sus habilidades y frente a un público que los vitoree. Este es justamente su talón de Aquiles; en lugar de buscar resultados personales o junto a su equipo, y crecer a través de los logros, solo se interesan por cómo impresionar a los demás.

Los deportes apropiados son equitación y polo, y los deportes que deberían evitar son el judo y el *taekwondo*. También disfrutan de los deportes de aventura y de las actividades en la naturaleza, como acampar.

MIEDOS

El gitano indomable, como suele llamarse a este signo, es el más aventurero del zodíaco. Aunque es muy entusiasta ante la vida en general, le disgusta seguir pautas o reglas. A pesar de que el aprendizaje le resulta gratificante, quizás haya tenido una relación de amor-odio con su etapa escolar. Al poseer un espíritu inquieto, uno de sus miedos más profundos es que lo controlen.

Su principal fobia es la hipengiofobia, que es el miedo excesivo a la responsabilidad.

SENTIDO DEL HUMOR

Les encanta la diversión, el humor y la comicidad. Saben hacer un chiste sin herir ni ofender a los demás. Suelen usar, como recurso, la ridiculización de personas o situaciones a través de la exageración, pero lo hacen sanamente, sin ofender a nadie. Para los centauros, todo en la vida puede convertirse en humor.

EL PERDÓN

Cada acción tiene su reacción, menos para Sagitario. Es el signo del zodíaco que perdona con mayor facilidad. Sabe dar vuelta la página y «a otra cosa mariposa». Los sagitarianos tienen la habilidad de ver ambos lados de una situación o problema. Su mente siempre está abierta, ya que no obedecen a ningún tipo de reglas y menos, a las arbitrarias.

LA SOMBRA

Su principal problema es creerse un sabelotodo, sentir que tiene la verdad absoluta. Te dirá que es el amo y señor del universo, el gurú de gurúes. Hace alarde de sus conocimientos y va a tratar de imponer su posición ante los demás. Esa actitud de superioridad puede llevarlo a entablar discusiones y peleas.

HÁBITOS

Los sagitarianos son brutalmente honestos y tienen el hábito de decir siempre la verdad, por más cruel que esta sea. A pesar de que sus intenciones son buenas, no siempre provocan las mejores reacciones... El consejo astral es que aprendan a dejar ese hábito e incorporen la sutileza y el tacto en sus comentarios.

SALUD

Este signo rige las caderas, el hueso sacro, los muslos, los músculos de los glúteos, el nervio ciático y las articulaciones. Entre las patologías que pueden padecer se encuentran: fracturas de cadera, ciatalgia, hipertensión, artritis y artrosis.

Sagitarianos famosos

- Miley Cyrus
- Taylor Swift
- Brad Pitt

CITAS DE SAGITARIANOS FAMOSOS

· **WALT DISNEY**

«Pregúntate si lo que estás haciendo hoy
te llevará adonde quieres llegar mañana».

«Todos nuestros sueños pueden hacerse
realidad si tenemos el coraje de perseguirlos».

· **TAYLOR SWIFT**

«Cada vez que alguien me dice que no puedo
hacer algo, me dan más ganas de hacerlo».

«Soy de Sagitario, y una de nuestras
mayores cualidades es que somos optimistas
a prueba de balas».

LA IMPRUDENCIA DE CHISPITA
(POR MARÍA O´DONNELL, PUBLICADO EN GUIAINFANTIL.COM)

La lirona Chispita se había quedado dormida.

–¡Oh, no! –dijo al darse cuenta– ¡Mis amigos se habrán ido sin mí al valle de los juncos! ¡Con lo que me apetecía! Entonces pensó que si se daba prisa podría alcanzarlos. Así que se puso el primer vestido que encontró y unas sandalias, cogió un puñado de zarzamoras y salió corriendo de su guarida.

Su madre la vio marcharse y le gritó:

–¿Adónde vas, pequeña?

Pero ella se había alejado y no la oyó.

Chispita imaginó la ruta que habrían seguido sus compañeros: «Seguro que han rodeado las rocas, yo en cambio las treparé para acortar el camino y me reuniré con ellos». Pero Chispita no llevaba buenos zapatos para escalar, las sandalias le hacían daño y se le enganchaban a las piedras. Iba subiendo con mucho trabajo, cuando en un descuido no vio un pedrusco saliente y ¡plaf! cayó al suelo.

–¡Ay, qué dolor! –Se había hecho daño en una pata. Además, el sol estaba empezando a calentar con fuerza y la pequeña lirona no llevaba gorra, ni agua.

Mientras tanto, sus compañeros todavía no habían salido y decidieron pasar por la madriguera de Chispita a recogerla.

La madre se preocupó al enterarse de que su pequeña se había ido sola y sin ningún equipo, por lo que todos decidieron ir a buscarla. Al llegar a las rocas, la lirona Pancha dijo que seguro que Chispita las había escalado en vez de rodearlas. Conocía a su amiga.

Todos empezaron a subir. Al cabo de unos metros, la encontraron: estaba débil, muy acalorada y llorando porque le dolía la patita. Sus amigos le ofrecieron agua de sus cantimploras y le vendaron la herida. Luego, entre todos la ayudaron a bajar de las rocas y su madre le cuidó durante unos días hasta que se recuperó.

MORALEJA: Piensa con antelación, antes de la excursión.

Capricornio

DEL 22 DE DICIEMBRE AL 19 DE ENERO

«No importa la lentitud
con la que avances, siempre
y cuando no te detengas».

CONFUCIO

C AUTELOSOS

A HORRATIVOS

P ARSIMONIOSOS

R ESPONSABLES

I NFLUYENTES

C ONSTANTES

O RDENADOS

R ESERVADOS

N OBLES

I MPARCIALES

O RGANIZADOS

♑

CAPRICORNIO

- **Símbolo:** cabra.

- **Elemento:** tierra.

- **Modalidad:** cardinal.

- **Planeta regente:** Saturno.

- **Metal:** plomo.

- **Color:** negro.

- **Lema:** yo realizo.

- **Características principales:** son personas perseverantes, sabias, tranquilas y cumplidoras. Primero está el deber y después el querer. Brindan excelentes consejos. Son estrategas brillantes.

- **Palabras clave:** ambición, realización, pesimismo, esfuerzo, planificación, rigidez.

- **Intereses:** como son prácticos, sus aficiones favoritas incluyen la creación de cosas útiles para regalar. Cultivar una huerta o arreglar el jardín son actividades que disfrutarán. También les gustan los juegos de mesa como el ajedrez y las damas.

- **Amor:** cuentan con una alta compatibilidad con Tauro, Cáncer y Virgo. Compatibilidad media con Escorpio, Capricornio y Piscis. Compatibilidad baja con Aries, Libra y Acuario.

- **Desafíos:** pensar un poco menos y ser un poco más flexibles con sus propias ideas.

- **Son hábiles para:** acabar lo que empiezan. Sus propósitos son claros.

- **Ocupaciones:** biología, matemáticas, profesorados, antropología, paleontología, acompañamiento de personas mayores.

- **Vínculo con el dinero:** son ahorrativos por naturaleza. Su ambición económica puede llegar a ser desmedida y volverlos avaros.

- **Partes del cuerpo:** sistema óseo, en general, y la columna vertebral junto a las rodillas, sistema cutáneo y dientes.

- **Regalos:** un maletín ejecutivo o un juego de ajedrez con piezas sofisticadas. También disfrutan de la música, y algunos adoran la música clásica.

MITOLOGÍA

ronos, en la mitología griega, era hijo de Urano, dios del cielo, y de Gaia, diosa de la tierra. Los romanos identificaron a Cronos con Saturno, su dios de la agricultura.

Urano fue cruel con su esposa y sus hijos. A estos los mantuvo prisioneros en el cuerpo de su madre, encerrados en lo más profundo de la tierra para que no viesen la luz. Gaia sufrió dolores terribles como consecuencia de ello.

Con la ayuda de una hoz que le había dado su madre, Cronos castró a su padre y se hizo con el control del universo. Se casó con su hermana Rea y se convirtió en un tirano como su padre.

Devoró a sus propios hijos al nacer, ya que le habían anunciado que uno de ellos le destronaría.

Cuando Rea dio a luz a Zeus, el más pequeño de todos, le dio a su marido una piedra envuelta en unas sábanas y dejó que la ninfa Amaltea alimentase a Zeus en Creta.

Cuando el dios se convirtió en un adulto, hizo que Cronos vomitase a sus hermanos.

Hubo una lucha por el poder en la que Zeus y sus hermanos derrotaron a Cronos y al resto de los titanes. Tras su derrota, Cronos y los otros titanes fueron arrojados al Tártaro.

Capricornio es el décimo signo. Pertenece al elemento tierra y a la modalidad cardinal. Los nativos de este signo son coherentes y estables, muy formales y atentos a sus responsabilidades. Se guían por la razón y, antes de tomar una decisión, tienen en cuenta todas las consecuencias.

Son ambiciosos, disciplinados, rígidos, prudentes, conservadores, responsables, perseverantes y metódicos.

Los capricornianos son temerosos y conservadores en el terreno del amor. Avanzan muy lentamente en la relación y solo apuestan de lleno por la pareja cuando se sienten seguros y confían en el otro. Son seres moderados y controlados, a quienes no hay que apabullar ni presionar en nada.

Una vez que se comprometen en una relación no sienten ninguna necesidad de buscar a otra persona. Sin embargo, antes de llegar a este punto, quienes estén interesados en ellos necesitarán recurrir a la tolerancia.

No son personas complicadas, pero los vínculos no son su prioridad. Ese lugar lo ocupan la carrera profesional y sus logros laborales o profesionales.

Para ellos, la clave pasa por conocer los límites, tanto los propios, como los ajenos, y saber qué esperan los demás de ellos y viceversa. Para averiguarlo, tendrán que ser fríos y honestos consigo mismos. En esa búsqueda pueden herir, sin proponérselo, a las personas de su entorno por la crudeza de sus palabras. Es lógico que así ocurra, ya que no siempre piensan lo que van a decir y luego los corroe la culpa.

Son seres profundamente arraigados a las raíces tradicionales de sus antepasados.

Prestan especial atención a la calidad de las cosas. En este sentido, su hogar puede ser una especie de «museo», donde expondrán mobiliarios caros, antigüedades, pinturas, y vajillas de colección.

Las «P» que suman

- Puntualidad
- Perseverancia
- Practicidad
- Prudencia
- Persuasión

Las «R» que restan

- Resentimiento
- Rencor
- Rigor
- Rigidez
- Rutina

DESEOS

Los capricornianos tienden a invertir mucha energía en las ambiciones profesionales y en los deberes personales, más que en sus deseos. Ellos están convencidos de que siempre se puede mejorar y ahí es donde ponen su energía, ya que están concentrados en alcanzar la cima. La perseverancia y la responsabilidad son sus mayores cualidades. Al ser muy prácticos, tienden a disfrutar de las cosas y de las ideas que les son útiles. Consiguen alcanzar la sabiduría que proviene de la experiencia, ya que desde muy pequeños son obedientes, disciplinados y estudiosos.

AYUDA DE LA PNL

Para que puedan producirse los cambios, deben desear que realmente se produzcan. Una vez que este deseo se manifieste, podrán trabajar para encontrar los caminos que los lleven hacia sus auténticas metas.

Es momento de que el capricorniano analice qué pasaría si probara hacer cualquier tarea de una manera diferente a como siempre la ha hecho. Hay que encontrar soluciones útiles para el futuro.

MANEJO DE CONFLICTOS

Suelen crear conflictos cuando se sienten despechados, despreciados o ignorados. Ante cualquiera de estas situaciones, se sienten agredidos y responderán con hostilidad.

Son muy sensibles, pero lo esconden muy bien, porque si no creen que se muestran débiles. Cuando se sienten dañados emocionalmente, sus heridas tardan en sanar. La rigidez es su mayor fuente de problemas. Suelen resolver los conflictos teniendo en cuenta todos los puntos de vista, lo cual les permite aprender de sus errores para no volver a tropezarse con la misma piedra.

Detestan la irresponsabilidad en todas sus formas. Se sienten incómodos frente a personas que fastidian porque sí, sin argumentos válidos. No les gusta poner en práctica nuevos conceptos o soluciones a problemas que ya conocen, porque prefieren no innovar.

Odian sentirse inútiles y, si en algún momento sienten que no tienen nada que aportar, los invadirá la incomodidad y la vergüenza delante de los demás. Pero, por encima de todo, rechazan la incompetencia.

Lección que aprender

Deberás aprender a adaptarte a las circunstancias, a tener mayor flexibilidad y a romper las estructuras conservadoras que pueden regir tu conducta. Con frecuencia, sientes que los cambios amenazan tu estabilidad. Por lo tanto, la lección de vida es **evitar la ambición desmedida y la rigidez en la conducta.** Tu actitud, demasiado cauta, puede impedirte afrontar de manera productiva los desafíos.

FANTASÍAS SEXUALES

Tienen una sensualidad controlada, dosificada. Sienten miedo a abrir su corazón a las emociones profundas. Son pacientes, disciplinados y perseverantes en el amor. Les gustan los maratones sexuales, aunque prefieren mantener el control y la seguridad en sí mismos.

Una mujer de Capricornio es muy perseverante y tenaz en lo el plano sexual. Sabe cómo prolongar su placer y el de su compañero. A ella le gusta esconder sus gustos y emociones, pero si su pareja se lo propone, con paciencia, puede develar sus auténticas fuentes de placer y satisfacción.

A la capricorniana le gusta mandar. Sabe lo que quiere de su amante, a pesar de que le resulta difícil lidiar con sus propias emociones y más aún las de su pareja sexual. Necesitará de ambientes cálidos y serenos para poder disfrutar. Con la dedicación y el tiempo adecuados, vencerá las inhibiciones.

El hombre nacido bajo este signo es terco y obstinado cuando quiere seducir a su pareja para tener un encuentro íntimo. Cuando se le mete algo en la cabeza, puede ser perseverante. No le des instrucciones; él está muy orgulloso de su desempeño en la cama. La arrogancia es uno de los rasgos más seductores, es su arma de conquista. Es un desafío intentar movilizar sus emociones y que las demuestre; de todos modos, ofrece lealtad y constancia.

Son sexualmente compatibles con los nativos de Cáncer, Capricornio y Virgo.

Las rodillas es una de sus zonas erógenas y les encanta que los besen y acaricien debajo de esa zona. Entre sus fantasías más habituales se encuentra su deseo de dominar o ser dominado.

COMPATIBILIDADES EN EL AMOR Y EN LA PAREJA

Alta

• **Capricornio – Tauro:** ambos tienen una fuerte disciplina. Mientras que Tauro respeta la dedicación de Capricornio, este admira la fuerza de Tauro y ve orgulloso cómo alcanza sus objetivos. Es un vínculo firmemente conectado con la seguridad material y los une también una mirada pragmática hacia la vida. Capricornio sabe motivar a Tauro.

• **Capricornio – Cáncer:** la mirada de ambos está centrada en la seguridad emocional y material. La relación se caracteriza por la tenacidad y la gran fuerza de voluntad, virtudes que son compartidas. Capricornio puede proporcionar una educación sólida basada en valores, como el compromiso y la solidaridad.

• **Capricornio – Virgo:** conforman una pareja práctica y sensata. Ambos son personas inteligentes y lógicas que evitan actuar por impulso. La relación se basa en la confianza mutua. Virgo puede aprender de la constancia de Capricornio. Disfrutan de una vida segura y cómoda donde los intereses en común se vuelcan en el plano material.

Media

· **Capricornio – Escorpio:** esta relación es muy fácil. El mejor aspecto de este vínculo es el deseo mutuo de compartir ideas y la fuerte devoción entre las partes. Escorpio admira la estabilidad y habilidad de Capricornio, y lo toma como un referente para su vida. Capricornio aprenderá el valor de la regeneración escorpiana.

· **Capricornio – Capricornio:** pueden organizar todas las actividades de sus vidas con una gran precisión. Esta relación funciona como un espejo. Tienen un vínculo sólido y son fieles el uno al otro.

· **Capricornio – Piscis:** este dúo es un ejemplo de amor. Capricornio es práctico y con un fuerte sentido ético. Piscis es muy espiritual y soñador, y no puede entender la preocupación capricorniana por el dinero y la logística de la vida. Sienten una profunda admiración el uno por el otro.

Baja

· **Capricornio – Acuario:** Capricornio tiene una actitud cauta y sensata hacia la vida; sus principales intereses son el trabajo y la educación. Acuario es moderno y excéntrico. Capricornio es clásico y formal. Y a ambos les gusta saber lo que al otro le interesa.

• **Capricornio – Aries:** aunque sus vidas se entrelazan, la mayoría de las veces no comparten opiniones ni puntos de vista. Tienen diferentes miradas sobre las cosas y suelen ser inflexibles. Mientras que a Aries le gusta tomar riesgos, Capricornio detesta desconocer el terreno por el cual transita. Aries siempre preferirá tomar un atajo; Capricornio nunca lo haría.

• **Capricornio – Libra:** las similitudes de este dúo no son obvias. Libra tiene una naturaleza vacilante, mientras que a Capricornio le gusta ir hacia lo seguro y concreto. Ambos siguen caminos diferentes en su destino, aunque los dos son supervivientes. Libra disfruta de la reflexión intelectual, en cambio, Capricornio prefiere trabajar de sol a sol para llegar a ser valorado.

Neutra

• **Capricornio – Géminis:** tienen visiones bien distintas sobre la vida y deben trabajar duro para unir fuerzas y aspirar a los mismos objetivos. Géminis adora experimentar mil cosas distintas al mismo tiempo, mientras que Capricornio siempre tendrá una actitud metódica frente a sus proyectos.

• **Capricornio – Leo:** forman una unión servicial el uno con el otro; aunque por fuera parezcan diferentes, comprenden sus similitudes interiores. En ocasiones, Capricornio puede calificar a Leo como un vago y este puede reclamarle más ratos de ocio.

• **Capricornio – Sagitario:** Sagitario es caprichoso, aventurero y ansioso; en cambio, Capricornio es sosegado y ayuda a Sagitario a enfocar su energía errática. Capricornio puede ver a Sagitario como rebelde e impulsivo. Por otro lado, este podría pensar que Capricornio es aburrido. Es una relación complicada donde abundan las diferencias entre ambos signos.

FAMILIA

• Padre de Capricornio

Puede imponer criterios cerrados en la formación de sus vástagos, casi siempre sin respetar su intimidad.

El capricorniano es un padre que exige el respeto de sus hijos. Es una persona muy paciente que demuestra su autoridad en todo momento. No le resulta fácil delegar responsabilidades. Destaca por la prudencia y seriedad con las que se toma las cuestiones familiares. Es reflexivo y escéptico, y le interesa más la calidad que la cantidad.

• Madre de Capricornio

Una madre de este signo lo sabe todo sobre sus hijos, desde sus juguetes favoritos, pasando por los nombres de cada uno de sus amigos, hasta sus compromisos sociales del fin de semana.

La mayor enseñanza que les transmiten es la del valor de la perseverancia, y la importancia de esforzarse, para hacer las cosas mejor. Es una madre ambiciosa y prudente que educa sin prisa, pero sin pausa. Es noble y recta; no sabe mentir.

· Niños de Capricornio

El niño de este signo es disciplinado, metódico y muy organizado. Es tan maduro que a veces parecer tener más edad. Aprende las lecciones despacio, para incorporarlas profundamente. Es tranquilo y obediente. Desde pequeño le gusta sentirse importante y así conseguir que le den responsabilidades, ya que aprecia los beneficios de un sistema de premios y castigos. Es la manera en la que aprenderá qué es aceptable y qué no lo es. La única frustración o preocupación pueden ser su falta de independencia y su extrema seriedad. En consecuencia, es el niño más perseverante del zodíaco y disfruta de los logros de un trabajo bien hecho.

· Adolescentes de Capricornio

Aun en esta etapa compleja de la vida, es improbable que el adolescente capicorniano pierda su honestidad e integridad. Tomará las cosas en serio; se ocupará de los estudios, de su vocación, de sus planes laborales y hasta podría ocuparse de mejorar su apariencia física y su habilidad para sociabilizar.

Puede hacerse difícil de entender si se siente incapaz en algún momento. Sin embargo, este adolescente raramente perderá de vista su necesidad de seguridad y, con esta perspectiva en mente, se preparará apropiadamente para garantizarse su estabilidad futura.

Un capricorniano en la familia

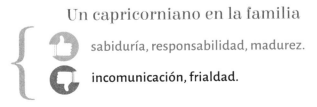

sabiduría, responsabilidad, madurez.

incomunicación, frialdad.

AMIGOS DE CAPRICORNIO

Siempre dudan de la amistad, a tal punto que pueden plantearse si sus vínculos son reales o si en ellos existe algún interés escondido. En su interior tienen un poso de tristeza y cuentan con sus amigos para que les levanten el ánimo. Son impenetrables, difíciles de conocer en profundidad, y a pesar de ello pueden ser muy serviciales. En el momento de una emergencia, siempre estarán con su amigo al pie del cañón. Son reflexivos y les gusta presumir de conocimiento y compartirlo con sus amigos. Tienen tendencia a poner a prueba a sus amistades y nunca dan una segunda oportunidad.

MASCOTAS DE CAPRICORNIO

Las mascotas de este signo son muy tenaces; algunas razas de perros, por ejemplo, pueden llegar a ser como «pequeñas excavadoras» que van dejando agujeros por todos los rincones de casa. Al ser un signo del elemento tierra necesitan tener contacto permanente con ella. Si quieres que tu mascota sea feliz, aliméntala todos los días a la misma hora. La mayor diversión para estos animales es asistir a una escuela de adiestramiento. Hacen saber cuándo algo no es como ellos desean.

> **Claves para mejorar la relación con los capricornianos:**
>
> 1- Muéstrate estable y seguro en tus convicciones.
>
> 2- Demuestra con actos lo que dices con palabras.
>
> 3- Sé puntual y austero.

JEFES DE CAPRICORNIO

Los nativos de este signo quieren que sus empleados hagan su trabajo en el tiempo y forma requeridos, sin la menor duda o cuestionamiento. «Es así y punto» podría ser su lema. Una regla o consejo para trabajar sin problemas con un jefe capricorniano es no hacerle sombra. Como empleado, hay que cumplir sus órdenes sin chistar. Es un jefe perfeccionista, exigente y busca la excelencia en todo lo que hace. Sus principales fortalezas son la seguridad y el dominio de las situaciones. A la hora de liderar, su estilo es autoritario.

LOS *SÍ* Y LOS *NO* EN UNA ENTREVISTA LABORAL

La cabra debe hablarle a un entrevistador como solo ella sabe hacerlo. El capricorniano usa un vocabulario especializado para sorprender.

Deben dejar a un lado la ambición de poder, asegurándose de que la actitud de mando recaiga sobre el interlocutor durante este proceso. Es conveniente que transmitan que el otro domina la situación.

Si conocen a alguien en algún puesto jerárquico dentro de la empresa a la que aspiran incorporarse, no deben hacer alarde de ello.

Formales, predispuestos y serios por naturaleza, los capricornianos son las personas más ambiciosas y perfeccionistas en una entrevista aunque, a veces, el miedo puede jugar en su contra. Su ambición está clara y no dudarán en preguntar por las perspectivas futuras. El peligro es que los entrevistadores pueden encontrarlo sobrecualificado para el puesto en cuestión.

 manifiesta tus aspiraciones a corto plazo.

 hagas preguntas a tu entrevistador cuando se está yendo de la oficina.

DINERO Y FINANZAS

Son ahorrativos por naturaleza. El mayor peligro de esta característica es su ambición por el dinero que, en ocasiones, puede llegar a ser desmedida.

De todos modos, siempre es un capricorniano el que logra subir a la cima entre cualquier grupo de personas. Nada ni nadie lo detiene cuando empieza a escalar posiciones dentro de una empresa.

Su cita favorita es la del escritor y moralista francés, Nicolas de Chamfort: «El más rico de todos los hombres es el ahorrativo; el más pobre, el avaro».

Son personas muy cautas con los gastos y las inversiones en general. No tienden a arriesgar demasiado.

Las inversiones más apropiadas para ellos son los bienes inmuebles, bajo cualquier modalidad, y los bonos de empresas constructoras.

TÁCTICAS DE NEGOCIACIÓN

Cuando negocian, suelen adoptar una posición de responsabilidad y les gusta resolver los problemas de otras personas. De este modo, su estrategia consiste en mostrarse como figuras de autoridad. Siempre se tiende a obedecer a alguien que personifica este rol, que encarna este tipo de responsabilidad, y eso es lo que buscan los capricornianos: posicionarse en un rol de liderazgo frente a los demás. Entonces, una estrategia recomendable para las personas de este signo es contarles a sus interlocutores ideas suyas que hayan sido exitosas en otros contextos. De esta manera, transmitirán seguridad a su entorno.

AUTOESTIMA

Son ambiciosos y prácticos. También son cautelosos, ya que Saturno, su planeta regente, simboliza la prudencia. Muchos de ellos son tímidos por naturaleza y no siempre creen que las cosas se resolverán de una manera favorable (actitud en la que pueden caer por su mirada pesimista ante la vida).

Tienen momentos de baja autoestima, pero se dan cuenta y se ponen a trabajar duro para poner sus cosas en orden. Siempre irán a por sus sueños, excepto que ello implique algún riesgo.

VACACIONES

Ambiciosos y honestos con sus preferencias sobre destinos y actividades a realizar, los capricornianos son los líderes y organizadores de cualquier viaje. Ellos se enfocan en conseguir que el recorrido sea un éxito y para ello cuentan con su mejor arma, que es su gran perseverancia. Adoran los lugares que están en las alturas y les encanta visitar restos arqueológicos de antiguas civilizaciones; por ejemplo, atravesar los pasadizos del Coliseo romano o maravillarse ante las pirámides egipcias son dos planes que disfrutarían mucho.

Prefieren visitar sitios exclusivos y también priorizan la comodidad en cuanto a los medios de transporte escogidos; incluso viajarán en primera clase. Siempre optarán por la calidad. Su pasatiempo favorito será la compra de antigüedades. Y también prefieren los hoteles que ofrecen actividades recreativas y de cuidado estético, como los *spa*. Les gusta saborear comidas extravagantes que son una fiesta para sus ojos.

Las ciudades capricornianas argentinas son: Salta, San Miguel de Tucumán y Ascochinga, Córdoba.

El mejor compañero de viaje es Cáncer. Juntos, forman un dúo fuerte e incansable. Aprenden y observan hasta los mínimos detalles y prestan mucha atención a la parte histórica. Sus vacaciones no son demasiado aventureras.

COMPETICIÓN

Para ellos nada sucede al azar. Al ser habilidosos no les preocupa el tiempo necesario para lograr un objetivo, solo les importa alcanzarlo. Desde pequeños se muestran comedidos y maduros. Las cabras luchan, además, para tener una mayor autoridad con cada paso que dan y, por supuesto, antes planean bien cada movimiento.

» Desafíos que afrontar

Una de las pruebas que deberás pasar es comprender que **el dinero no lo es todo en la vida.** También tienes que entender aceptar que, si quieres amar y ser amado, no existe la situación perfecta para que ello suceda. **Aprender a no esperar la situación ideal** te acercará más a las relaciones amorosas. Es cuestión de que desarrolles las habilidades necesarias para expandir tus horizontes en cuanto a los vínculos.

OCIO

Los nativos de este signo pueden ser introvertidos y, de este modo, inclinarse hacia actividades que puedan llevarse a cabo en la paz de su hogar. Como son prácticos, entre sus *hobbies* favoritos está la fabricación de cosas útiles para regalar.

También encontrarán placer manteniendo un huerto casero y arreglando el jardín. Los juegos de mesa, como el ajedrez o las damas, los ayudarán a desconectar de la realidad.

A esta altura queda claro que los capricornianos necesitan seguridad y una estructura para sentirse en paz y armonía. Como se ha visto, los nativos de este signo valoran la satisfacción que les produce conseguir sus objetivos. Se sienten orgullosos de su trabajo y de sus logros en general. Pueden llegar a ser adictos al trabajo y poner tanto de ellos mismos en el terreno laboral que se desentiendan de sus necesidades emocionales y eviten la conexión con otras personas. Se sienten seguros cuando imponen sus propias normas. La aceptación y la vulnerabilidad les permitirá equilibrar su energía.

ENFADOS

Cuando están molestos, lo dicen todo con la mirada. Sus explosiones de ira asustarán a todos los involucrados, aun al más íntimo de sus amigos. Una cosa que los incomoda es ser atacados en su imagen pública.

Si se tienen que defender, lo harán como si estuviesen detrás de un escritorio; es decir, asumirán el rol de autoridad. De todos modos, tratan de restarle importancia al propio enfado. Para ellos, la ira es simplemente otra herramienta que los ayudará a alcanzar su auténtico objetivo. Por este motivo, los capricornianos pueden parecer oportunistas e insensibles en muchas ocasiones.

HERIDAS

Se sienten heridos si son juzgados delante de la gente. Hacerles pasar vergüenza es una jugada letal contra ellos, el peor de los crímenes a los que se los puede someter. No les gusta sentirse expuestos ante el ojo ajeno. Cuando esto ocurre les provoca una dolorosa herida.

Su sentido de seguridad está muy amenazado por la incertidumbre y el desconocimiento. Pueden superar los obstáculos y las limitaciones a través de la sensibilidad, la intuición y, sobre todo, la compasión.

DEPORTES

Los capricornianos son individuos orientados a la acción por ser de un signo cardinal. Necesitan practicar un deporte que les brinde flexibilidad corporal. La disciplina y el entrenamiento frecuente les enseñan lecciones diarias sobre sus habilidades. Los deportes extremos pueden ser clave para estos nativos. Su mayor debilidad está en que no tienen mucha sensibilidad en la piel y esto puede afectar su salud. Durante mucho tiempo pueden ignorar cualquier tipo de dolor. Los capricornianos deben escuchar a su cuerpo y recordar que es una herramienta que necesitan cuidar toda la vida para alcanzar sus metas.

Los deportes apropiados son: esquí, ejercicios aeróbicos y atletismo. Los deportes que deberían evitar son el críquet y la escalada.

MIEDOS

Como se ha dicho, pueden alcanzar cualquier meta que se propongan. Sin embargo, debido al miedo, pueden estar demasiado nerviosos y, si esto ocurre, los comienzos pueden ser difíciles. Es lógico, no quieren equivocarse en nada, solo apuntan a la excelencia. Su principal fobia es la atiquifobia, que es el miedo excesivo al fracaso.

SENTIDO DEL HUMOR

Pueden ser algo «secos» en materia de humor, y también pueden gustarles las bromas sobre temas concretos, que a veces pueden caer mal por discriminatorios, como chistes machistas, racistas, chistes de profesiones, etc.

EL PERDÓN

Los capricornianos no perdonan fácilmente y siempre recuerdan situaciones pasadas con tanta exactitud que parece que las estuvieran leyendo. Se lo toman todo muy en serio. Muchas personas acaban disculpándose con las cabras porque tienen miedo a su gran habilidad para destruir la reputación ajena.

Si quieres conseguir sus disculpas, solo tendrás que demostrar con hechos auténtico arrepentimiento ante lo ocurrido y no volver a repetir la acción que provocó la pelea. Capricornio, con mucho esfuerzo, da una segunda oportunidad, pero no más.

LA SOMBRA

Su lado oscuro, y que puede resultar molesto, es que suelen dar órdenes a los demás porque creen saber qué es lo más apropiado para todos y cómo deben vivir su vida. Tienen una gran necesidad de organizar porque poseen autoridad, integridad y poder de decisión. El inconveniente aparece cuando la autoridad se convierte en autoritarismo, en abuso de poder. La clave es aprender a ser un poco más flexibles.

HÁBITOS

Estos nativos tienen tendencia a ser tenaces hormigas obreras que trabajan sin parar. Son incansables y su mente piensa durante las veinticuatro horas en la necesidad de progresar. Como regla general, son adictos al trabajo. Al ser ambiciosos, no necesitan saber cuánto tiempo les llevará alcanzar su meta; por dentro, saben lo más importante: que llegarán a ella. El consejo astral es que, una vez finalizada la jornada laboral, ni se les ocurra llevarse trabajo a casa. Es un mal hábito que conviene abandonar.

SALUD

Este signo rige el sistema óseo en general, la columna vertebral y las rodillas; así como también rige la dentadura y el sistema cutáneo.

Entre las patologías que pueden padecer se encuentran la malformación de los huesos, las fracturas recurrentes, reumatismos, eczemas, psoriasis, caries y sarpullidos.

Capricornianos famosos

- Michelle Obama
- David Bowie
- Ricky Martin

CITAS DE CAPRICORNIANOS FAMOSOS

· MARTIN LUTHER KING

«Si ayudo a una sola persona
a tener esperanza, no habré vivido en vano».

«Hemos aprendido a volar como los pájaros,
a nadar como los peces, pero no hemos aprendido
el sencillo arte de vivir juntos como hermanos».

· MICHELLE OBAMA

«Una de las lecciones con las que yo crecí
fue permanecer siempre fiel a mí misma
y no dejar que lo que otra persona dijera
me distrajera de mis objetivos».

«El éxito no se trata de cuánto dinero hagas,
sino de la diferencia que hagas
en la vida de las personas».

LOS BROTES QUE NO CRECÍAN
(FÁBULA CHINA)

Había una pequeña aldea, en un lugar muy remoto de la tierra. Allí había un hombre, algo codicioso, que vivía con su familia en relativa armonía. Era próspero en sus cosechas, aunque nunca estaba conforme con lo que obtenía.

En cierta ocasión, sembró el terreno con especial esmero. Quería obtener la cosecha de una semilla especial de trigo que le habían traído de tierras lejanas. Aseguraban que este era un trigo de mayor calidad, con espigas más gordas y un sabor estupendo. Por eso, el hombre ocupó todas sus tierras con ese cultivo y empezó a hacer grandes planes para el futuro. Obtendría muchos beneficios y, quién sabe, tal vez podría comprar más tierras y vivir con mayores lujos.

Sin embargo, las semanas pasaron y las semillas apenas si habían florecido. Había unos pocos brotes y, pese a los cuidados, crecían muy lentamente.

Al ver esto, el hombre empezó a desesperarse. No podía aguantar tanto. Por eso decidió hacer algo. Lo que se le ocurrió fue ir a arrancar las pequeñas plantas que estaban naciendo. Pensó que así les ayudaría a crecer.

A la mañana siguiente, todos los brotes amanecieron muertos. El hombre pasó por alto el hecho de que se trataba de una semilla especial y que necesitaba un tiempo mayor para crecer.

No sabía que todo tiene su tiempo y que alterar los procesos de la naturaleza solo conduce al fracaso.

Acuario

DEL 20 DE ENERO AL 19 DE FEBRERO

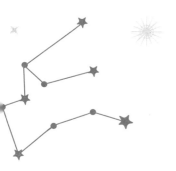

«¿Qué puede haber imprevisto
para el que nada
ha previsto?».

PAUL AMBROISE VALERY

A LEGRES

C URIOSOS

U RENTES

A MIGABLES

R EBELDES

I NDEPENDIENTES

O MNIPOTENTES

ACUARIO

- **Símbolo:** aguador (aguatero).

- **Elemento:** aire.

- **Modalidad:** fija.

- **Planeta regente:** Urano.

- **Metal:** platino.

- **Color:** plateado.

- **Lema:** yo sé.

- **Características principales:** son individualistas e independientes; también son vanguardistas, excéntricos, rebeldes y originales.

- **Palabras clave:** perspicacia, libertad, creatividad, dogmatismo.

- **Intereses:** uno de sus mayores placeres es disfrutar de su tiempo libre; suelen encontrar muchas actividades para ocupar sus horas ociosas. Adoran la tecnología, pues les da una gran satisfacción. Entre sus pasatiempos favoritos se incluyen todo tipo de juegos electrónicos y virtuales, y la resolución de enigmas y acertijos, así como también disfrutan los juegos de mesa.

- **Amor:** cuentan con una alta compatibilidad con Géminis, Leo y Libra. Compatibilidad media con Aries, Sagitario y Acuario. Compatibilidad baja con Tauro, Virgo y Capricornio.

- **Desafíos:** ser un poco más predecibles y tolerantes con los demás. Minimizar la ansiedad ante proyectos importantes.

- **Son hábiles para:** afirmar su independencia y sorprender a más de uno por llevar a cabo acciones y tomar decisiones inesperados.

- **Ocupaciones:** astrofísicos, electricistas, pilotos de avión, azafatas, inventores, ingenieros, astrólogos.

- **Vínculo con el dinero:** pueden ser tanto los ahorradores como los despilfarradores del zodíaco, aunque suene contradictorio. Pueden variar según el día, ya que cambian sus hábitos según su humor.

- **Partes del cuerpo:** las pantorrillas, los tobillos, la tibia, el peroné, el tendón de Aquiles y la circulación sanguínea.

- **Regalos:** cursos *online*, algún producto tecnológico o cualquier objeto exclusivo.

aia creó a Urano sin la intervención de una criatura masculina.

Los titanes, que reinaban en el mundo antes de que los dioses del Olimpo liderados por Zeus alcanzaran el poder, fueron el resultado de la unión de Urano y su madre.

Urano fue un padre y un marido cruel.

Inmediatamente después de su nacimiento, introdujo de nuevo a los gigantes en el útero de su madre, causándole a Gaia un enorme dolor.

Gaia no lo pudo soportar y fabricó una hoz de piedra afilada, con la que pidió a sus hijos que le dieran una lección a su padre.

Cronos, el más joven y hábil de los titanes, fue el único que se atrevió a ayudar a su madre; le tendió a su padre una emboscada, tumbado con la hoz mientras esperaba a que Urano yaciese junto a su esposa. Entonces le cortó los testículos y los arrojó al mar.

De las gotas de sangre que cayeron sobre Gaia brotaron los gigantes, las Erinias y las ninfas de Melos. Los testículos continuaron a la deriva hasta Chipre y allí emergió Afrodita, la diosa del amor.

RASGOS DE PERSONALIDAD

Acuario es el undécimo signo del zodíaco. Pertenece al elemento aire y a la modalidad fija. Está regido por Urano.

Los acuarianos son seres únicos y excéntricos, tanto en su apariencia externa, como en su actitud. También son idealistas y optimistas y, de una forma u otra, siempre se las ingenian para solucionar los problemas como por arte de magia o, por lo menos, consiguen reducirlos.

Los nativos de Acuario son personas cerebrales, a quienes los incentiva más la actividad mental y poner a prueba el ingenio que poner el cuerpo a trabajar. El cerebro y la actividad intelectual son sus principales intereses.

En general, esquivan el compromiso, y cuando están en pareja priorizan la amistad al amor.

Los acuarianos son solitarios, excéntricos, humanitarios, inventivos, independientes, individualistas, altruistas y visionarios.

Para avanzar en cualquier relación, primero quieren estar seguros de que exista afinidad intelectual. La comunicación es un valor importante para ellos; en este sentido, en los vínculos buscarán no censurarse y expresar en libertad todo lo que sientan.

Las «A» que suman

- Autosuficiencia
- Altruismo
- Arrogancia
- Antelación

Las «I» que restan

- Insatisfacción
- Intolerancia
- Intransigencia
- Imprevisibilidad

DESEOS

Los nativos de este signo desean sorprender y también ser sorprendidos. En general, están interesados en una gran variedad de temas y sus gustos tienden a cambiar con frecuencia. Esta es la naturaleza de Urano, su planeta regente, que los conduce a estos cambios de intereses y a las ideas repentinas.

Por encima de todo, los acuarianos valoran la amistad. Buscan la continuidad en sus vínculos amistosos y, para ello, se mantendrán activos en la relación y no dejarán ningún detalle al azar.

Son seres adelantados a su tiempo. Para ellos, la palabra «todavía» funciona como un mantra. Si las cosas no funcionan como desean, deben añadir la palabra «todavía» al final de cada frase para empezar a transformar su mente y sus actos en este sentido.

Esta simple palabra le dice al cerebro que lo que desea llegará algún día, lo cual les permitirá seguir buscando alternativas y soluciones posible para alcanzar sus objetivos. Por ejemplo, es muy distinto pensar: «No consigo clientes», a decir: «No consigo clientes todavía». El impacto que se produce a nivel cerebral es mucho menor con esta última frase que con la primera.

MANEJO DE CONFLICTOS

Tienden a ser rebeldes y a querer imponer su forma de ser. Esta obstinación puede llevarlos al fracaso. Más aún, ellos seguirán haciendo las cosas a su manera, aunque otros les demuestren que están equivocados. Cuando los confrontan son tercos y les cuesta ceder.

Si alguien no está de acuerdo con sus ideas, se lo tomarán como una cuestión personal. Suelen resolver los conflictos cuando dejan de lado su rigidez y reconocen sus errores.

ODIOS

Los acuarianos detestan a quienes intentan ser el centro de atención. Tampoco les gusta que los quieran convencer de algo y, mucho menos, que los persigan para intentar venderles alguna cosa. Odian prestar dinero o pedirlo prestado y, de este modo, verse obligados a revelar sus planes y necesidades a los demás.

No son respetuosos de la autoridad convencional; para ellos, el respeto debe ganarse.

Les cuesta hablar de sus emociones y de su intimidad. Pero, por encima de todo, rechazan la violencia.

Lección que aprender

El mayor desafío de este signo es **aprender a convivir con el cambio, a aceptarlo,** en especial, en los ambientes laborales, y poder superar así los obstáculos a través de la visión y la innovación. No te quedes en la comodidad, sino todo lo contario, **ábrete a la novedad.**

FANTASÍAS SEXUALES

Son algo excéntricos en el amor y, en todo momento, son impredecibles en su modo de actuar. Tienen una sensualidad discreta y enmarcada en un gran sentido de la libertad. Sienten atracción por los nuevos placeres y los cambios constantes.

La mujer de Acuario es muy imaginativa, tiene una gran inventiva y es capaz de probar una gran variedad de cosas para que su compañero tenga una noche inolvidable. Todo lo que despierte su curiosidad será para ella un factor estimulante. Por eso, la variedad y la experimentación forman parte de sus encuentros íntimos.

En general, las acuarianas no necesitan grandes demostraciones de afecto. Hay una característica huidiza y cambiante en este signo; para contrarrestar esto, el amante de turno deberá ofrecerles algo nuevo y excitante. Son personas que disfrutan mucho de la espontaneidad en el sexo. Para la amante acuariana, el sexo es sagrado, tranquilo y recreativo.

El hombre de Acuario es creativo y puede hacer que su pareja llegue al clímax por distintos medios. Ellos son garantía de que no se repetirá el guion en la cama. Además, son personas muy actualizadas y con ganas de probar cosas nuevas.

Aborrecen las reglas y el encierro. Al ser gobernados por Urano, tienen una espontaneidad que atrae amantes, aunque con su independencia habitual, suelen ser vínculos breves.

Los acuarianos no son apasionados ni demasiado emocionales en su forma de amar. No son hombres para amantes exigentes y posesivas.

La fantasía de estos nativos es tener sexo delante de un grupo de amigos. No importa el lugar, pero sí que sean vistos por otros.

Son sexualmente compatibles con Acuario, Géminis y Leo.

Su zona erógena está en los tobillos. Así que no hay que escatimar las caricias y los besos en esa zona, ya que les darán un placer intenso y prolongado.

COMPATIBILIDADES EN EL AMOR Y EN LA PAREJA

Alta

• **Acuario – Géminis:** este vínculo da lugar a una fuerte conexión mental. Disfrutan mucho la compañía del otro, pero también saben mantener sus espacios personales y respetan esa independencia. Ambos tienen mucha energía y vitalidad, y no les gusta perder el tiempo, sino aprovecharlo para hacer alguna actividad. Acuario aprovecha en parte su libertad para participar en actividades con amigos. Géminis prefiere la libertad intelectual.

• **Acuario–Leo:** son una combinación sensacional de visión y creatividad, dado que ambos signos poseen energías similares. Comparten una relación maravillosa en un buen clima, en el que prevalece la admiración mutua. Tienen una visión similar sobre las grandes cuestiones de la vida y se apoyan el uno al otro para alcanzar sus objetivos.

• **Acuario – Libra:** esta relación se caracteriza por su gran deseo de aprender y de explorar juntos el mundo. Tienen varios gustos en común. Los dos signos comparten el amor por el arte y odian quedarse encerrados en la rutina o haciendo las tareas del hogar. Al ser un signo fijo, Acuario puede ayudar a Libra a dejar de lado su inseguridad, y juntos pueden aprender a valorar y disfrutar los pequeños placeres de la vida.

Media

• **Acuario–Aries:** se trata de un dúo muy creativo. La interacción habitual de Acuario, junto con el deseo constante de acción por parte de Aries, nutrirá a ambas partes. Este dúo es muy competitivo de puertas afuera y en todo momento serán grandes compañeros. Su idealismo y entusiasmo los llevará a experimentar todo tipo de vivencias.

• **Acuario–Sagitario:** el de estos dos signos es un vínculo muy constructivo Tienen una mirada idealista sobre la vida y saben entusiasmarse el uno al otro para complacerse en las frivolidades. Se admiran mutuamente. El mejor aspecto de esta relación es su constancia para planear, ejecutar y mantener cualquier proyecto que emprendan juntos.

• **Acuario–Acuario:** son amables y solidarios. Se llevan muy bien y conseguirán muchas cosas juntos. Están siempre listos para aventurarse en actividades innovadoras. Al ser visionarios, introducen cambios en todos los ámbitos donde puedan hacerlo. Mientras se ocupen de fortalecer su vínculo para mantenerlo vivo, este tendrá potencial para seguir indefinidamente.

Baja

• **Acuario–Tauro:** a pesar de que sus diferentes formas de actuar son distintas, se llevan bien. Este vínculo es, en apariencia, irreconciliable porque ambos se aferran a sus ideas. A los dos les gusta hacer las cosas a su manera pero, mientras que Tauro prefiere una rutina estricta, Acuario la organiza de una manera más llevadera. Es una relación donde existe el respeto mutuo.

• **Acuario–Virgo:** tienen una relación en donde cada uno saca tanto lo mejor como lo peor del otro. Las diferencias son pronunciadas: Virgo tiene una actitud meticulosa hacia la vida, en cambio, Acuario desafía cualquier premisa premisa sensata. Una vez que logren superar sus diferencias, serán conscientes de lo que el otro puede ofrecer.

• **Acuario–Capricornio:** es una unión muy valiosa. Pueden parecer opuestos por completo, pero si deciden acompañarse en la vida, la de estos signos se vuelve una combinación insuperable. Capricornio tiene una actitud moderada frente a la vida, mientras que Acuario tiene un deseo ardiente por ser errático. El problema está en que ambos tienden a ser muy inflexibles y dogmáticos.

Neutra

• **Acuario – Cáncer:** la relación entre ellos es contrastante. Cáncer aprecia las tradiciones familiares y Acuario tiene una perspectiva más moderna. Es evidente que a ambos les gusta hacer las cosas de maneras distintas, sin tener que afrontar resistencia alguna. Si deciden apoyarse y dejar de lado estas diferencias y alcanzar un acuerdo para hacer realidad sus sueños, su relación puede convertirse en un vínculo único.

• **Acuario – Escorpio:** es una combinación de dos personalidades con gran fuerza de voluntad, pero completamente diferentes. Aunque la conversación diaria puede ser tediosa, se aman y se respetan por encima de todo. Escorpio se caracteriza por tener una intensidad emocional muy marcada en su forma de afrontar la vida. Acuario tiene tendencia a ser rebelde e intolerante. Escorpio es extremista y testarudo. Es un vínculo que requerirá de un trabajo y compromiso fuertes por ambas partes.

• **Acuario – Piscis:** los dos son individuos muy utópicos, que luchan por alcanzar la verdad con ideas progresistas. Esta pareja actúa con una inteligencia combinada, lo cual les permite soñar con nuevas aventuras y proyectos, y al mismo tiempo buscar soluciones a los conflictos que puedan surgir en el camino. Se ayudan y comparten su sed de conocimiento.

FAMILIA

• Padre de Acuario

Es un padre amistoso y le encantan las reuniones sociales. Siempre escapa de la rutina. Tiene ideas innovadoras con respecto a la educación de sus hijos. Es amante de la verdad. Deberá esforzarse por no cometer descuidos ni excesos en la crianza; en especial debe evitar tomar decisiones sin consultar y ser más abierto a los cuestionamientos.

• Madre de Acuario

A una madre de este signo no le gusta lo convencional, ya que su naturaleza es ser innovadora. Criará a sus hijos con la consciencia de que existe el sufrimiento, aunque ellos no lo experimenten. Necesita hacer un esfuerzo extra para demostrar amor y recordarles que los quiere más que a nadie. Los educará partiendo de la libertad y la responsabilidad individual.

• Niños de Acuario

Para el niño de este signo, la compañía de los demás es esencial, así como de la de mamá y papá. Tiene mucho que enseñar, ya que desde pequeño aprenderá sobre la vida de una manera original; esto es así porque tiene una naturaleza experimental y una mirada distinta hacia las cosas. Además, siente una gran necesidad de pasar momentos en soledad. Son niños muy independientes.Pueden ser tercos en sus motivaciones; en general, la mente de estos pequeños estará comprometida en alguna cuestión creativa que los hará abstraerse de otras cuestiones terrenales. Son los niños más sensibles del zodíaco, pues siempre están pensando en cómo ayudar a los demás.

• Adolescentes de Acuario

Con los adolescentes de este signo hay que ser muy tolerantes, porque suelen ser muy individualistas e imprevisibles. Son personas de naturaleza inquieta e independiente.

El lado rebelde de estos jóvenes aumentará en esta etapa, así como también su terquedad y tendencia al aislamiento harán que sea un período aún más incomprensible, tanto para ellos como para su entorno.

La única manera de hacer feliz a estos adolescentes es pararse a escucharlos con atención, sin prisas y siempre con la mente abierta.

Queda claro que para ellos la adolescencia es una etapa de gran sensibilidad. Sus arranques emocionales pueden resultarles difíciles de sobrellevar hasta que aprendan a controlar su torbellino interno de emociones.

Como familia, prestad mucha atención a sus palabras, ya que suelen tomarse todo de forma muy personal. Una mala palabra o una de más y se encerrarán en su habitación, bajo llave. Es importante que sepan que pueden contar son su entorno familiar, principalmente con sus padres, para lo que necesiten. En este sentido, sin presionarlos, se les puede dar algún consejo en el momento justo, para que sea bien recibido y evitar que se escondan en su caparazón.

Un acuariano en la familia

 innovación, tolerancia, libertad.

 incoherencia, imprevisibilidad.

AMIGOS DE ACUARIO

Son humanitarios, imprevisibles, inconformistas y rebeldes. Se mueven en grupo y siempre pondrán las necesidades y deseos de los demás antes que sus propias necesidades. A pesar de ser solitarios, también tienen un lado social destacable: les gusta ir a clubes y bares a hacer nuevos contactos y organizar salidas y planes de todo tipo.

A los nativos de Acuario les encanta hacer reír a sus amigos, son felices cuando hacen sentir bien a los demás; quieren divertir y divertirse.

Tienen grandes sueños y son creativos hasta en la amistad. Son muy independientes y detestan la falta de libertad. Para ellos, la autonomía es un valor innegociable.

Confunden, en muchos casos, la amistad y el compañerismo con el amor, pero no lo hacen con mala intención. Necesitan a alguien que los acompañe y que, al mismo tiempo, les dé libertad total.

MASCOTAS DE ACUARIO

Son animales muy independientes y tienen conductas imprevisibles. No los abraces ni los mimes demasiado porque no les gusta tener tanto contacto físico. No los alimentes siempre con la misma comida; prefieren la variedad.

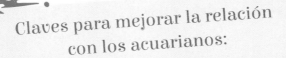

Claves para mejorar la relación con los acuarianos:

1- No los ofendas con malas palabras.

2- Sé su amigo por encima de cualquier otro vínculo que podáis tener.

3- Respeta su necesidad de libertad.

4- No contradigas su espíritu inconformista e idealista.

JEFES DE ACUARIO

Acuario no se siente satisfecho en el rol de jefe. Hay varias razones para que esto ocurra; en primer lugar, porque suelen mostrar conductas erráticas y son impulsivos. En segundo lugar, porque tienen una gran necesidad de actuar en soledad, de aislarse. En tercer lugar, por su necesidad de cambio constante y su desinterés por el poder. Si sumamos todos estos rasgos de la personalidad, queda claro que no son los candidatos más indicados para ocupar cargos jerárquicos.

Como rasgo positivo, hay que destacar que saben crear buenos momentos y divertirse con su entorno laboral. Eso sí, son muy impacientes y se frustran rápido ante cualquier retraso o imprevisto. Quieren todo para «ayer», ya que para ellos «hoy» es tarde. Sus principales fortalezas son la apertura y la innovación.

A la hora de conducir equipos de trabajo son imprevisibles; nunca se sabe qué esperar de ellos.

LOS *SÍ* Y LOS *NO* EN UNA ENTREVISTA LABORAL

Los acuarianos deben mostrarse predispuestos y relajados frente a las preguntas del entrevistador.

Sus respuestas suelen ser ingeniosas. Sin embargo, entrevistar a una persona de este signo puede convertirse en una experiencia bastante frustrante por las idas y vueltas que propiciará dentro de la conversación. No suelen ser concretos en sus respuestas, porque lo que más desean es demostrar que saben mucho de todo.

El acuariano puede vestirse de forma más informal, pero nunca descuidado. Debe establecer contacto visual con el entrevistador para propiciar diálogo fluido y tener presente que si está allí es porque le interesa el puesto; si los interlocutores se dan cuenta de un interés genuino y, por su parte, hace todo lo que esté a su alcance, es muy probable que consiga el trabajo.

 responde con entusiasmo.

 pierdas tu originalidad, que es una de tus fortalezas.

DINERO Y FINANZAS

Cuando el acuariano quiere algo, siempre lo consigue, ya sea a corto o a largo plazo. Puede llevarle un poco más de tiempo de lo habitual adquirir el objeto de sus deseos, pero lo obtendrá.

Debido a que Urano es el planeta regente de su signo, es el ahorrador y el despilfarrador por excelencia del zodíaco, porque, como ya se ha mencionado, su intención con el dinero puede cambiar según el ánimo que tenga en ese momento.

Disfruta de ser distinto a los demás y, sobre todo, de encontrar métodos novedosos para ganar dinero, en lugar de limitarse a los conocidos. Esta es una cualidad que los aguateros muestran con frecuencia y que les será muy útil a lo largo de la vida, para asegurarse de que nunca les falten ingresos.

Su cita favorita es la del escritor alemán, Christoph Wieland, quien dijo que «una llave de oro abre todas las cerraduras».

Las inversiones más apropiadas para ellos son los bonos de empresas tecnológicas, ya sean telefónicas o de *software*.

TÁCTICAS DE NEGOCIACIÓN

Prefieren negociar en equipo a hacerlo de forma individual. El mayor obstáculo que se les presenta es que suelen perder tiempo esperando el momento adecuado para actuar. Para poder llevar sus negociaciones a buen puerto, deberán entender que los tiempos son clave. No es lo mismo decir a alguien: «Le llamaré pronto», que decir: «Le llamaré mañana». Ser creíble, preciso, y no dilatar los tiempos son rasgos que los acercarán más a sus objetivos.

AUTOESTIMA

Para ellos, todo lo que es predecible es aburrido; lo imprevisible es la cualidad que más los seduce. Por eso, resulta casi imposible pronosticar el próximo movimiento de un nativo de Acuario, porque siempre hará algo que podría sorprender incluso a su entorno cercano.

Suelen tomar decisiones en soledad, ya que así se sienten más seguros. Desean, ante todo, moverse en libertad. De este modo, se sienten estables y con la autoestima alta.

VACACIONES

Les gusta viajar en grupo, tanto con amigos como con conocidos. Los destinos urbanos más sofisticados figuran entre sus favoritos, aunque también disfrutan del turismo de aventura, como hacer un circuito de *trekking* o escalar montañas. Adoran la música y el arte en general, e incluirán en sus planes alguna obra de teatro o un recital. Pero también disfrutan de los placeres más sencillos, como observar las estrellas desde la cima de una montaña.

Las destinos argentinos recomendados para los acuarianos son: Cerro Uritorco, Capilla del Monte y Los Cocos (Córdoba), Sierra de la Ventana (Buenos Aires) y San Rafael (Mendoza).

Al ser solidarios, siempre estarán listos para sumarse causas benéficas y implicar sus esfuerzos en ellas, incluso en su época de descanso. Tienden a hacer viajes a su gusto y antojo; el destino a escoger dependerá de si ofrece alguna experiencia nueva. No son detallistas, con lo cual la planificación y la logística de sus vacaciones no son su especialidad. Confían en que todo saldrá bien y se olvidan de confirmar detalles importantes, como los horarios de salida de los transportes.

Sus mejores compañeros de viaje son de Aries. Juntos organizan viajes originales y estimulantes. La visión y previsión ariana, junto con la necesidad de aventura y diversión de Acuario, garantizan el éxito de este dúo.

COMPETICIÓN

En las pruebas en que tienen que competir, los nativos de este signo buscan, por encima de todo, diferenciarse del resto de sus contrincantes. Desarrollar y destacar su individualidad es la estrategia más empleada para una competición. Tiene lógica, ya que se sienten únicos e irrepetibles. También usan su creatividad, así como sus dotes sociales, para impresionar a sus rivales. Son astutos y saben cómo utilizar historias y experiencias de otras personas para acercarse a sus objetivos.

» Desafíos que afrontar

El acuariano suele evitar atarse a romances y a todo tipo de vínculos personales. Se centran principalmente en sus objetivos de vida, y harán todo lo que esté a su alcance para alcanzarlos. Es importante recordar, pues, que aceptar las pruebas que la vida te pone en el camino, te permitirá crecer a nivel personal. **Prestar más atención a lo que te sucede y estar presente al cien por cien** es un desafío, que fortalecerá tus vínculos y aumentará tu calidad de vida.

OCIO

Están siempre dispuestos a disfrutar de su tiempo libre, así que se encargarán de encontrar actividades con las que ocupar sus horas libres. Al ser un signo del elemento aire, los acuarianos tienen intereses muy variados; por eso mismo, todo les provoca curiosidad.

En general, les apasiona la arqueología y todo lo que tenga que ver con los descubrimientos científicos e históricos.

También muestran mucho interés por la tecnología y, en este sentido, son considerados los expertos del zodíaco. Los videojuegos, ya sean en la consola, el ordenador, el teléfono móvil u otras variantes, así como los juegos de mesa tradicionales y la resolución de enigmas y acertijos figuran entre sus pasatiempos favoritos.

NECESIDADES EMOCIONALES

Les resulta difícil admitir sus necesidades básicas y conectarse con su propia intimidad. Uno de sus deseos más intensos es conseguir la independencia en el terreno emocional; para ellos, eso implica autonomía, no soledad. También necesitan expresar su individualidad. Les conviene usar su intuición para mejorar su calidad de vida.

ENFADOS

Les lleva tiempo conectarse con cualquier emoción, incluso con el enfado. Suelen apelar a una serie de razones intelectuales para justificar su enfado.

Cuando se enfadan, prefieren mostrarse fuertes, y si depende ellos, acabar con cualquier tipo de conflicto. Su mejor estrategia de defensa es contestar con comentarios afilados y precisos; esa es su arma de ataque cuando se sienten agredidos. A veces, se impacientan y se molestan debido a las opiniones de los demás, sobre todo, cuando las personas de su entorno interfieren en sus planes diciéndoles qué les conviene hacer. No olvidan fácilmente una situación que los haya hecho sufrir o enfadar.

HERIDAS

Los nativos de Acuario se sienten heridos ante la queja constante. Les molestan las personas que se lamentan todo el tiempo. Esta perseverancia los agota y les provoca dolores internos difíciles de reparar. En realidad, la queja es improductiva para ambas partes, tanto para el que la escucha como para el que la profiere.

Por otro lado, por tener formas de organización que suelen ser incompatibles con el orden convencional, les convendrá mantener un canal de diálogo abierto con las personas de su entorno y también aprender a escuchar, para evitar fricciones y conflictos. De esta manera, podrán prevenir las heridas que suele provocar la falta de comunicación y de empatía.

DEPORTES

Son seres imposibles de predecir. Siempre están actualizados sobre las novedades en materia deportiva. Impresionan a los demás con su valentía en los deportes de riesgo, con el amor a la libertad y su excentricidad. El riesgo, para ellos, es simplemente una curiosidad, un deseo de aprender algo nuevo. Quieren experimentarlo todo solos.

Acorde a su gran energía, la escalada, el *trekking* y otros deportes solitarios, como el *windsurf* y el *surf*, pueden ser de su interés, así como el patinaje sobre hielo, el *kung fu* y el *kickboxing*. Los deportes que deberían evitar son el *karting* y la motonáutica.

MIEDOS

Las instituciones, los rituales familiares, las tradiciones y las metas a largo plazo los asustan. En lo más profundo de su ser desean sentirse aislados, a pesar de estar acompañados.

La principal fobia de este signo es la claustrofobia, que es el miedo exagerado a estar confinado en un lugar cerrado.

SENTIDO DEL HUMOR

Son muy veloces a nivel mental y pueden contar chistes que los demás podrían no comprender del todo, por lo menos, cuando no se los conoce bien. Como son hábiles con la tecnología, también suelen valerse de ella para hacer distintos tipos de bromas y montajes en las redes sociales y en distintas plataformas de comunicación virtual.

EL PERDÓN

Un acuariano perdona solo si siente que ello es bueno para su alma. Si quieres sus disculpas, utiliza este argumento para convencerlo de que la culpa de lo ocurrido es solo tuya. Podría tardar un poco en perdonarte, pero si presentas una lógica válida y creíble para que te escuche, ya tienes la mitad del problema resuelto. Acuario no puede resistirse a un libre intercambio de ideas. Los nativos de este signo viven en un universo moral muy diferente, y a veces se necesita tiempo y sabiduría para entenderlos.

LA SOMBRA

El capricho es su lado oscuro. En este sentido, se colocan ellos mismos en un pedestal, lo más lejos posible de las necesidades de las personas de su alrededor. Te harán saber, solo con una mirada, lo insignificante que es lo que pides. El resultado final es que no practican la igualdad que tanto predican. Por otro lado, la hipocresía es el mayor peligro para el temperamento acuariano, y hay que aprender a evitarla.

HÁBITOS

Son independientes y, en general, llevan una vida completamente autosuficiente. Esta característica puede convertirse en un obstáculo para establecer vínculos íntimos. Como ya se ha dicho, los nativos de este signo tienen miedo a que sus relaciones impidan su independencia.

Por el contrario, les gusta experimentarlo todo en la vida, así que, en mayor o menor medida, también se animarán a establecer vínculos afectivos. Poco a poco, irán aprendiendo a no decidir todo en soledad y a compartir las responsabilidades con la otra parte. Es importante que la independencia no los convierta en seres antisociales.

Este signo rige las pantorrillas, los tobillos, la tibia, el peroné y el tendón de Aquiles.

Las patologías que podrían padecer son: trastornos nerviosos, fobias, fracturas y problemas circulatorios.

Acuarianos famosos

- Jennifer Aniston
- Ed Sheeran
- Axl Rose

CITAS DE ACUARIANOS FAMOSOS

· **J**ENNIFER **A**NISTON

«Una vez que descubres quién eres
y qué amas de ti mismo, creo que todas
las piezas empiezan a encajar».

«No hay arrepentimientos en la vida,
solo aprendizajes».

· **F**RANKLIN **R**OOSEVELT

«A lo único que debemos temer
es el miedo».

«En la vida hay algo peor que el fracaso
y es no haber intentado nada».

LA PALOMA Y LA HORMIGA
(FÁBULA DE ESOPO)

Obligada por la sed, una hormiga bajó a un arroyo; arrastrada por la corriente, estuvo a punto de morir ahogada.

Una paloma que se encontraba en una rama cercana observó la emergencia. Desprendió del árbol una ramita, la arrojó a la corriente, montó encima a la hormiga y la salvó.

La hormiga, muy agradecida, aseguró a su nueva amiga que si tenía ocasión le devolvería el favor, aunque al ser tan pequeña, no sabía cómo podría serle útil a la paloma.

Al poco tiempo, un cazador de pájaros decidió cazar a la paloma. La hormiga, que se encontraba cerca, al ver la emergencia lo picó en el talón y le hizo soltar su arma.

El instante fue aprovechado por la paloma para levantar el vuelo, y así la hormiga pudo devolver el favor a su amiga.

Piscis

DEL 20 DE FEBRERO AL 20 DE MARZO

«Cuanto más abiertos estemos
a nuestros propios sentimientos,
mejor podremos leer
los de los demás»

DANIEL GOLEMAN

P ACÍFICOS

I MAGINATIVOS

S ENSIBLES

C URIOSOS

I NTUITIVOS

S OLIDARIOS

PISCIS

- **Símbolo**: dos peces.

- **Elemento:** agua.

- **Modalidad:** cambiante.

- **Planeta regente:** Neptuno.

- **Metal:** níquel.

- **Color:** aguamarina.

- **Lema:** yo creo.

- **Características principales:** son personas sensibles, espirituales, receptivas, tienen una gran imaginación y son de naturaleza compleja.

- **Palabras clave:** ambigüedad, contradicción, intuición, inestabilidad, inseguridad, dependencia.

- **Intereses:** el arte en general, así como la música y la poesía. Las actividades en soledad les permiten hacer uso de su imaginación y creatividad.

- **Amor:** tienen una compatibilidad alta con Cáncer, Virgo y Escorpio. Compatibilidad media con Tauro, Capricornio y Piscis. Compatibilidad baja con Leo, Libra y Sagitario.

- **Desafíos:** ser precisos y menos vulnerables en el plano emocional.

- **Son hábiles para:** ayudar a los más necesitados. Saben ponerse en el lugar del otro, son empáticos.

- **Ocupaciones:** novelistas, poetas, pintores, músicos, marinos, publicitarios y religiosos.

- **Vínculo con el dinero:** pueden atraer dinero de forma intuitiva. A la hora de gastar, les cuesta ponerse límites. Deben tener cuidado con su dinero y no dejar que abusen de su generosidad. De esta manera evitarán perderlo a manos de familiares o amigos.

- **Partes del cuerpo:** los pies, los dedos de los pies, los y huesos del tarso y del metatarso. El sistema linfático y glandular.

- **Regalos:** libros de poesía, novelas, un atril, bastidores para pintar, una cámara de fotos o filmadora. Un día de spa, una sesión de masajes descontracturantes o una sesión de reflexología.

n la mitología griega, Poseidón era el dios de los mares y los océanos, y en la mitología romana recibía el nombre de Neptuno.

Suele representarse con un tridente en una mano y subido en un carro del que tiran animales monstruosos con cuerpos que son mitad caballo y mitad serpiente. Alrededor del carro, suele haber también animales marinos.

Poseidón vivía en un palacio bajo el mar, construido con corales y piedras preciosas. Tuvo varios hijos.

Cuando estaba de buen humor, calmaba las aguas de los mares para beneficiar a los marineros y navegantes, pero cuando se enfurecía, creaba maremotos y provocaba naufragios.

RASGOS DE PERSONALIDAD

Piscis es el último signo del zodíaco. Pertenece al elemento agua y a la modalidad cambiante. Está regido por el planeta Neptuno.

Son los seres más sensibles y fantasiosos del zodíaco. Estos nativos disfrutan de poder vivir todo tipo de experiencias y sensaciones. Al ser personas dependientes deben centrarse en parejas que no sean simbióticas. Se los atrae con cariño y ternura, de esta manera se logra llegar a su corazón.

Son imaginativos, místicos, compasivos, intuitivos, artísticos, soñadores, idealistas, escapistas y desorganizados. Son amables, tienen buenas actitudes y son muy espirituales. Son vulnerables a las demostraciones de amor. Si quieres llevarte bien con ellos, mantén la calma aun si muestran conductas irracionales.

Los piscianos son huidizos por naturaleza. Prefieren evitar las grandes responsabilidades. En ellos, la infidelidad se relaciona con la búsqueda de un amor idealizado, aunque al comienzo sean honestos, leales y hasta se sacrifiquen por su pareja.

El camino a la seducción de Piscis puede ser muy fácil o todo lo contrario; estas corrientes opuestas son como las de su símbolo, dos peces que nadan en direcciones contrarias. En el fondo, son seres románticos, pero esperan que las cosas ocurran, no son personas de armas tomar; prefieren fluir.

Las «C» que suman

- Creatividad
- Carisma
- Calidez
- Cooperación

Las «S» que restan

- Susceptibilidad
- Sacrificio
- Simbiosis
- Suspicacia

DESEOS

Los nacidos bajo el signo de Piscis desean expresarse todo el tiempo, muchas veces a través de su creatividad y talento artístico, que poseen gracias a Neptuno, su planeta regente.

Son amantes de la variedad y de la espontaneidad. Rara vez son capaces de mantener las rutinas. La idea de hacer siempre lo mismo les hace perder el rumbo y el interés.

Al ser muy solidarios, desean fervientemente ayudar a los más necesitados. Tienen el don de saber escuchar a los demás.

Les conviene aprovechar la programación neurolingüística para cambiar el enfoque de sus visualizaciones.

Las mejores soluciones les llegan cuando se centran en cómo pueden hacer algo en lugar de enfocarse en por qué no podrían llevarlo a cabo. Si se hacen las preguntas correctas, en el momento adecuado, empezarán a fluir las buenas ideas.

MANEJO DE CONFLICTOS

Son seres muy misteriosos y ambiguos frente a sus problemas. Sienten compasión ante el sufrimiento ajeno y, en ocasiones, este rasgo les permite evadirse de su propio dolor. Cualquier confrontación los afecta profundamente. El problema de las personas de este signo es su incapacidad para rechazar a alguien. Debido a su marcada dualidad, viven en dos mundos: el real y el espiritual.

Suelen resolver los conflictos racionalizando la discusión sin que interfieran sus emociones. Hay que intentar ser claro en cuanto a los motivos, porque muchas veces desconocen qué ha provocado su desasosiego.

ODIOS

Estos nativos detestan los lugares ruidosos y con demasiada luz. Tampoco les gustan los «chismes». Son reservados y no suelen compartir sus cosas; guardan muy bien sus secretos. No disfrutan de ser anfitriones, ya que es un rol que suele incomodarlos. Pero, por encima de todo, les molesta sentirse juzgados.

Lección que aprender

La lección de vida es **evitar la evasión** (por ejemplo, no huir frente a los problemas); y también es importante **evitar la decepción, la confusión y la falta de dirección en la vida.** La clave está en que seas más compasivo contigo mismo y te atrevas a sentir más, en vez de ocultar tus sentimientos. Cuando te des permiso para **experimentar todo tipo de emociones y reconozcas que tus sentimientos** no controlan tus actos, te sentirás mucho mejor y bajará tu ansiedad y tu necesidad de evasión frente las distintas situaciones que se te presentan.

FANTASÍAS SEXUALES

La mujer de Piscis es muy receptiva y conocedora de los secretos del erotismo. Cuando se deja llevar por la pasión, su ego se pierde entre sus propias emociones. Amante del arte y de la música, estos elementos pueden ser clave a la hora de hacer realidad sus fantasías sexuales.

Es una mujer con un cierto grado de vulnerabilidad, que atrae a los hombres como si fuera un imán. Gobernada por Neptuno, en el terreno de la seducción y el romance puede ser una especie de «hechicera», que consigue lo que quiere del otro. Lo positivo para su compañero es que se entregará por completo a sus necesidades y gustos. Atención: sus arranques emocionales pueden provocar grandes discusiones.

En el sexo, el hombre de Piscis encuentra un gran placer en complacer a su pareja. Muchos de ellos están listos para ir más allá de los límites establecidos. Siempre hay algo más para probar. Se pierden en sueños eróticos y fantasías sexuales, y alternan períodos de adicción al sexo con la voluntad de mantener encuentros tántricos. Los piscianos son muy románticos y tienen un atractivo sexual irresistible. Sacrificarán todo por estar con su amante. Con frecuencia, se convierten en víctimas del amor. Como son fantasiosos, no les suele gustar la vulgaridad. Adoran contemplar el cuerpo de su amante.

Tienen una sexualidad hipersensible y se dejan arrastrar por los placeres sensuales, a veces hasta de forma masoquista. En el terreno de la seducción son muy creativos y cautivadores.

La fantasía de las personas de este signo es tener sexo con un extraño. En este sentido, un juego recomendado con un pisciano es pretender que eres alguien a quien acaba de conocer. Eso les gustará mucho y desatará la pasión al instante. En cuanto a un lugar favorito para los encuentros, la bañera o algún sitio con agua (desde un lago hasta un *jacuzzi*), siempre resultará algo delicioso para estos nativos regidos por el elemento agua.

Son sexualmente compatibles con los nativos de Escorpio, Piscis y Virgo.

Sus zonas erógenas son los pies. Cuando se les hace un masaje con las yemas de los dedos en los talones, reaccionan al instante.

COMPATIBILIDADES EN EL AMOR Y EN LA PAREJA

Alta

• **Piscis – Cáncer:** es una combinación de dos personas serviciales. Cáncer es trabajador y se esfuerza por mantener limpio y ordenado el hogar, y Piscis acepta sus ideas y sugerencias rápidamente. Es un dúo romántico. Piscis puede enseñarle a Cáncer a valorar la creatividad y a abrirse a la espiritualidad. A su vez, Cáncer puede ayudar a Piscis a llevar sus teorías utópicas a la práctica.

• **Piscis – Virgo:** a pesar de ser signos opuestos, saben cómo ayudarse entre sí. Forman un dúo afectuoso y que irradia cariño a su alrededor. Son personas tolerantes y simpáticas. Virgo aprecia la tranquilidad y la bondad de Piscis. Sus aspiraciones en la vida pueden ser muy diferentes. En general, discuten poco.

• **Piscis – Escorpio:** al ser signos del mismo elemento, agua, son compatibles y establecen un buen vínculo. Comprenden de forma intuitiva intuitiva cada pensamiento del otro. Escorpio suele estar callado y juega a ser misterioso, mientras que Piscis, dueño de una gran sensibilidad e intuición, percibe el estado anímico del otro. Escorpio valora la compasión y la solidaridad de Piscis.

Media

• **Piscis – Tauro:** tienen la suficiente empatía como para entenderse muy bien. Tauro es más práctico que Piscis y puede asumir la mayoría de las responsabilidades dentro de la pareja. El pisciano, ingenuo e inocente, sigue sus instintos. Tauro trae al soñador Piscis a la realidad y, al mismo tiempo, valora su bondad.

• **Piscis–Capricornio:** se llevan muy bien a pesar de presentar naturalezas opuestas. Capricornio es práctico y tiene los pies en la tierra. Piscis es muy espiritual y soñador, y siempre se involucra en tareas solidarias. Se admiran en secreto; a Capricornio le gusta de Piscis su naturaleza compasiva y, a su vez, Piscis aprecia de Capricornio su inteligencia y tenacidad.

• **Piscis – Piscis:** mantienen una excelente comunicación y lazos emocionales profundos. Piscis puede ser demasiado tranquilo ante ciertas circunstancias, por lo cual, juntos pueden potenciarse para mal y volverse inactivos y perezosos. Tienden a evitar los obstáculos y conflictos con un optimismo poco realista, es decir, casi negándolos. Son evasivos por naturaleza.

Baja

• **Piscis – Leo:** el león posee una personalidad fuerte que lo lleva a tomar el mando de las cosas. Piscis es más introspectivo, así que sus personalidades contrastan. Saben cuidarse entre sí y son capaces de brindarle seguridad emocional al otro. Piscis protege a Leo al enseñarle lecciones de humildad y de cooperación. Hay atracción sexual entre ellos, pero para forjar un vínculo armonioso deberán trabajar en sus diferencias.

• **Piscis – Libra:** no saben tomar decisiones meditadas. Ninguno de los dos está centrado en el tema económico ni tiene demasiado sentido común en ese terreno, así que eso puede provocar problemas a la pareja. Hay atracción sexual, pero también habrá conflictos. De todos modos, como ambos están dispuestos a trabajar para mantener el vínculo, lo resolverán rápido. Es una pareja armónica que puede funcionar.

• **Piscis – Sagitario:** les gusta compartir sueños. Para ellos, el camino hacia la meta es más importante que el objetivo. Se rechazan entre sí y, a simple vista, parece improbable que la relación pueda llegar a buen puerto. Sagitario dedica tiempo y energía a entender a Piscis. El mejor aspecto de esta relación es el beneficio que pueden obtener de aprovechar la sabiduría del otro.

Neutra

• **Piscis – Aries:** Aries tiene una personalidad fuerte y tiende a actuar a su antojo, sin preocuparse ni asustarse ante nada. Piscis, con su naturaleza dócil, ayuda a frenar al testarudo Aries, y este puede ayudarlo a ser más espontáneo. Piscis puede colaborar también a que Aries baje su nivel de agresión, mientras que el ariano le enseña al pisciano a ser más decidido y osado.

• **Piscis – Géminis:** ambos signos disfrutan de ayudarse el uno al otro. Están siempre bien predispuestos y se adaptan, aunque sus incoherencias se hacen patentes. La palabra clave de esta pareja es la flexibilidad. Piscis sigue su intuición y es más sensible; Géminis debe tener cuidado de decir algo sin pensar, ya que podría ofender a Piscis, que es sensible y emocional.

• **Piscis – Acuario:** los dos son utópicos e introspectivos. Piscis vive en un mundo de ensueño y Acuario sueña con nuevas experiencias. Este suele juzgar a los demás rápidamente, mientras que Piscis es demasiado compasivo con todos, aun con aquellas personas que no se lo merecen. A Piscis le gusta observar la acción acuariana, y Acuario querría tener la tolerancia pisciana.

FAMILIA

• Padre de Piscis

El pisciano es un padre con mucha percepción y a quien no se le puede mentir. Es tranquilo, pero también es emocional. En ocasiones, su mente prefiere evadirse de la realidad. A pesar de sus cambios de humor, sabe cuidar a su familia. Su comportamiento es inestable; a veces, se muestra severo, pero luego se arrepiente, se va al otro extremo y empieza a actuar con tranquilidad y ternura.

• Madre de Piscis

La madre de este signo criará a sus niños en un ambiente artístico, ya que considera que es importante estimular su creatividad y potenciar sus sueños. Posee un carácter dulce y complaciente. Tiene voluntad para sacrificarse por sus hijos y es capaz de darles mucho amor. Se beneficia de tener una percepción muy desarrollada, que le indica el camino que debe seguir.

• Niños de Piscis

El pequeño pisciano es un ser emocional, que en ocasiones llora sin motivo aparente; eso forma parte de su personalidad. Su timidez, junto a la costumbre de encerrarse en sí mismo y no compartir sus sentimientos, le aporta una rica vida espiritual. Incluso si tiene pesadillas, no se quejará. Es muy generoso, a tal punto que sería capaz de regalar sus juguetes si viera que otro niño los necesita. Es un niño que necesita una estructura que lo contenga, y a pesar de ello, no reaccionará bien a los límites impuestos. Su cerebro no para ni un segundo; en este sentido, no hay que sorprenderse si tiene más de un amigo imaginario.

Los piscianos son los pequeños soñadores del zodíaco, ya que con su mente errática les será fácil perderse en sus pensamientos y evadirse del mundo real.

• Adolescentes de Piscis

Esta etapa de la vida será de gran sensibilidad para los piscianos, que experimentarán grandes vaivenes emocionales. Estas salidas de tono pueden ser difíciles de tolerar por parte de su familia. La clave pasa por tratar de tener empatía y entenderlos, hasta que aprendan a controlarse. Hay que comprender que la ciclotimia formará parte de su día a día.

Es importante que los familiares sean muy cuidadosos con lo que les dicen, ya que se pueden ofender con facilidad. Una mala palabra o de más y ellos se encerrarán en su cuarto. Hay que ser diplomáticos y buscar el momento oportuno para hablarles, y así podrán evitar que sean reacios a dialogar.

Un pisciano en la familia

empatía, espiritualidad, cooperación.

confusión, sacrificio.

AMIGOS DE PISCIS

Son dulces, sensibles y fieles, pero muy exigentes a nivel emocional. Por esa sensibilidad que los caracteriza, hay que medir bien qué se les cuenta y qué es mejor callar, porque pueden tomarse las cosas de mala manera.

Se entregan a sus amigos, son buenos compañeros y hasta pueden ser líderes de grupos, siempre y cuando ellos adopten el rol de consejeros. Son muy observadores y por este rasgo de personalidad pueden empatizar enseguida con las personas.

MASCOTAS DE PISCIS

Si estas mascotas presencian una pelea entre otros animales, se meterán en medio para rescatar al más indefenso. Un dato a tener en cuenta es que como Piscis gobierna los pies, tienen la costumbre de lamer los pies de su dueño. Eso sí, son limpios y disfrutan de su hora de baño y de estar en contacto con el agua.

Son criaturas muy sensitivas que se relajan con el sonido de la música de fondo, pero esta nunca tiene que estar a un volumen alto, ya que sus oídos son muy sensibles.

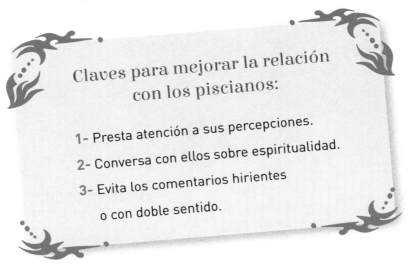

Claves para mejorar la relación con los piscianos:

1- Presta atención a sus percepciones.

2- Conversa con ellos sobre espiritualidad.

3- Evita los comentarios hirientes o con doble sentido.

JEFES DE PISCIS

Es el tipo de superior que quiere que sus empleados entiendan su comunicación no verbal. Esto puede causarle toda clase de problemas, pero quien logre descifrarlo, se convertirá en su persona de confianza en la oficina. Un jefe de Piscis trata de ocuparse de todo. Además, genera beneficios a todas las partes involucradas en su trabajo: empleados y superiores. No destaca por el orden; por el contrario, su escritorio suele ser un caos.

Sus principales fortalezas son la fluidez y la empatía en los vínculos laborales. Es una persona que sabe adaptarse.

LOS *SÍ* Y LOS *NO* EN UNA ENTREVISTA LABORAL

Es importante que lleguen a la entrevista tranquilos. Una sesión de meditación, una lectura inspiracional o de autoayuda que les sirva para mentalizarse o tomarse una tila antes del encuentro sería ideal.

Una vez allí, no deben divagar al responder, ni distraerse con lo que pase a su alrededor durante la entrevista; tienen que concentrarse en las preguntas y no compartir detalles irrelevantes del currículum; al entrevistador no le interesan. Es mejor no exagerar y ser veraz en toda la información que compartan.

Los nativos de este signo tienen una empatía natural con el otro, pero les falta un poco de astucia. Este punto, que es su principal carencia, puede jugar en su contra y hasta puede ser el motivo de que no se los contrate.

 sé concreto y responde solo lo que te preguntan.

 seas insistente al preguntar sobre las características del puesto al que aspiras.

DINERO Y FINANZAS

Los nativos de este signo pueden atraer el dinero de forma intuitiva. Si evitan la negatividad, que es parte de su personalidad, y se esfuerzan por ser más prácticos y valientes en la búsqueda de la prosperidad, tienen altas posibilidades de alcanzarla.

No tienen límites, ni siquiera cuando se van de compras. Deben tener cuidado de quienes quieran abusar de su generosidad; es frecuente que los piscianos pierdan dinero por prestárselo a parejas, socios o amigos. En los negocios deberán arriesgarse más para conseguir mayores beneficios.

Su cita favorita es la del jurista y editor Reinaldo Temprano, que dice: «Con dinero solo se compra lo que se vende».

Las inversiones más apropiadas para ellos son los bonos de empresas que producen hidrocarburos.

TÁCTICAS DE NEGOCIACIÓN

La clave para los piscianos es no perder la calma en ningún momento y, al mismo tiempo, mantener los pies en la tierra, por lo que sus expectativas deben ser siempre ser realistas. La estrategia consiste en aprender a controlar las emociones. Si no lo hacen es muy probable que acaben entorpeciendo las negociaciones. Las emociones consideradas negativas a la hora de negociar, como el enfado, la codicia o la envidia, son las que deberían evitar para llevar las negociaciones a buen puerto.

El enfado, en especial, suele ser una expresión de miedo o de falta de confianza en las habilidades para conseguir lo que se quiere. Por eso hay que afrontarlo y trabajar en él, y así intentar controlarlo. Los arranques emocionales no resuelven los conflictos; se sabe que los agravan y que pueden dejar sin efecto cualquier trato.

AUTOESTIMA

Necesitan sentirse necesitados y temen el rechazo. El desafío más grande para ellos es trabajar sobre sus inseguridades para aumentar su autoestima. Son fáciles de influenciar y de dejarse llevar por las opiniones e ideas de los demás. La espiritualidad es una buena herramienta para ayudarlos a tener seguridad en el mundo terrenal.

VACACIONES

Los piscianos necesitan escaparse de su rutina cotidiana, por lo que para ellos las vacaciones son una prioridad.

La única condición indispensable es que el destino escogido esté cerca del agua, ya sea mar, lago o río. El contacto con el agua los tranquiliza y les brinda la paz necesaria para poder descansar y desconectar de las obligaciones. Excepto los cruceros, que no son una buena opción, ya que tienen demasiadas actividades y ellos prefieren hacer las cosas a su manera y a su tiempo, no en un ámbito donde estén organizadas y las sientan como una imposición.

Paseos en canoa o en *kayak*, buceo y *snorkel* figuran entre sus actividades favoritas.

Visitar glaciares es otra opción, así como también disfrutan del avistamiento de la fauna marina, como ballenas, lobos marinos y pingüinos. Durante las vacaciones también pueden aprovechar para hacer fotografías y realizar actividades artísticas como pintar. Suelen tener un lado creativo que les gusta «alimentar» con distintos *hobbies*.

Los mejores compañeros de viaje son los nativos de Tauro. Ambos viajeros están abiertos a las sugerencias y aprenderán del otro una forma distinta de ver el mundo. Se trata de un dúo que se enriquecerá con los viajes en grupo.

Las ciudades piscianas argentinas son: Carmen de Patagones y San Clemente del Tuyú (provincia de Buenos Aires), Puerto Madryn (Chubut) y Villa Traful (Neuquén).

COMPETICIÓN

Los piscianos detectan, gracias a su increíble percepción extrasensorial, cada movimiento y estado anímico de su contrincante. Son astutos y muy hábiles a la hora de competir. Conviene seguirlos de cerca en todo momento.

Cuando sienten que están un paso atrás de su competidor, se vuelven agresivos. Lo mejor cuando están así es no prestarles atención hasta que se olviden.

» Desafíos que afrontar

Los piscianos siempre están en busca del amor. El desafío, pués, es que **aprendas a estar solo y a afrontar tú mismo los problemas que puedan surgir.**

Otro problema que debes **trabajar es la preocupación recurrente,** que te lleva a sobredimensionar los problemas y reaccionar en exceso ante cuestiones triviales.

Hay un último aspecto que deberías revisar, y es **tu tendencia a escapar de la realidad,** que puede provocar más de una molestia en tu entorno cercano.

OCIO

El arte en general, la música y la lectura, y en especial la poesía, mantendrán a los piscianos entretenidos durante horas. Las actividades solitarias los ayudan a hacer volar la imaginación y a utilizar su creatividad. Son amantes de los deportes, en especial de los acuáticos. También suelen dedicar tiempo a la espiritualidad.

NECESIDADES EMOCIONALES

Necesitan crear un espacio propio donde prestar atención a sus necesidades, a sus sentimientos; precisan un lugar donde puedan «escucharse». Suelen escaparse a través de la fantasía o la idealización.

Es conveniente que puedan reaccionar de una forma eficaz a los propios sentimientos, y así dar respuestas concretas a sus necesidades y, en definitiva, crecer. Deben aprender a incorporar la realidad a su mundo de fantasía.

ENFADOS

Al principio, su enfado suele estar oculto y evitarán las confrontaciones hasta que sientan que es el momento adecuado para esparcir sus emociones tóxicas.

Cuando la ira se apodera de sus sentimientos y hasta de su cuerpo, los piscianos no se detienen. Son propensos a ofenderse con facilidad, incluso por algo de poca importancia, y hasta pueden llegar a levantar la voz y montar una escena delante de quien sea. En esos momentos no intentes que entren en razón, porque no te van a prestar atención.

HERIDAS

Los piscianos se sienten heridos cuando no son valorados ni tenidos en cuenta. También les provoca malestar que sus sueños y proyectos no sean tomados en serio. Subestimarlos o negar sus capacidades les provoca inquietud y angustia. Si no quieres herirlos, mide bien tus palabras antes de hablar.

DEPORTES

La actividad deportiva los ayuda a equilibrar sus debilidades y carencias en otras áreas de la vida. También les sirve para mantener la claridad en sus pensamientos y les pone de buen humor. Tienen un cuerpo bastante sensible a los cambios de temperatura y donde más lo sufren es en los pies.

La perseverancia y la paciencia que tienen son atributos que les suman para alcanzar sus metas en una competición. Los deportes apropiados son: parapente, *windsurf* y *squash*, y conviene evitar deportes agresivos como el boxeo.

MIEDOS

Pueden tener miedo a hablar, a expresar sus auténticos sentimientos. También pueden experimentar el miedo a ser rechazados. Esa es otra fuente importante de inseguridad para ellos, tener miedo a cómo los vean los demás, ya que para los piscianos es muy importante la opinión del otro. El miedo a hablar surge cuando creen que sus palabras no describirán la profundidad de lo que quieren expresar.

Su principal fobia es la glosofobia, que es el miedo exagerado a hablar en público.

SENTIDO DEL HUMOR

Los piscianos suelen hacer bromas muy largas, para las cuales utilizan toda su imaginación y creatividad. Su humor nunca es obsceno o negativo. Son fanáticos del humor ingenuo que no hace daño a nadie.

EL PERDÓN

No les gusta aferrarse a cargas innecesarias. Saben perdonar, aunque les lleva tiempo procesar lo sucedido. Si sienten que las disculpas son sinceras y vienen del corazón, no les darán la espalda, pues no soportan ver sufrir a alguien. Para que un pisciano te perdone, hay que recurrir a la ternura y a los abrazos; de esta manera llegarás a su corazón con honestidad y conseguirás que te perdone.

LA SOMBRA

El lado oscuro de los piscianos es ser dependientes a nivel emocional. A lo largo de su vida, Piscis adopta distintos roles; puede ser la víctima desvalida, el sacrificado, el que vive y hace todo para los demás. Se suele victimizar y puede llegar a decir que nadie lo ama ni entiende su dolor y sus preocupaciones.

Su lema podría ser: «Yo hago todo para los demás, pero nadie me lo reconoce». Como un camaleón, son hábiles para adoptar diferentes roles, y así consiguen que las personas de su alrededor estén pendientes de ellos.

HÁBITOS

Como tienen una gran imaginación, pueden perder su centro y apartarse de sus objetivos. Por ser un signo doble, su dispersión suele ser grande. Este rasgo de su personalidad les provoca contradicciones y hace que sus intereses se opongan entre sí, lo cual les puede provocar situaciones de estrés de manera innecesaria. El consejo astral es que practiquen meditación y yoga, ya que ambas disciplinas los harán alcanzar una relajación total, algo que los peces del zodíaco necesitan.

Este signo rige los pies: los dedos de los pies y los huesos del tarso y del metatarso; también rige el sistema linfático y glandular.

Las patologías más frecuentes son: alergias, epilepsia, juanetes y sabañones.

Piscianos famosos

- Camila Cabello
- Justin Bieber
- Rihanna

CITAS DE PISCIANOS FAMOSOS

• **ALBERT EINSTEIN**

«Todos tenemos dos elecciones: estar llenos
de miedo o llenos de amor».

«La vida es como ir en bicicleta.
Para mantener el equilibrio,
debes mantenerte en movimiento».

• **RIHANNA**

«No puedes dominar tu futuro si aún
eres esclavo de tu pasado».

«Cuando una puerta se cierra, tienes
dos opciones: te rindes o sigues adelante».

EL DESENCANTO*

Había una vez un hombre que nunca había tenido ocasión de ver el mar. Vivía en un pueblo del interior, a muchos kilómetros de la costa, y se lamentaba de no poder ver esa enorme masa de agua que le llamaba tanto la atención.

Un buen día, se hizo una promesa:

—No voy a morir sin ver el mar.

Decidido a cumplir su deseo, buscó otro trabajo, además del que ya tenía, para ahorrar el dinero necesario y poder pagarse el viaje hasta el primer pueblo con mar.

Fueron meses difíciles hasta que, por fin, consiguió reunir lo suficiente para hacer su ansiado viaje. Entusiasmado y lleno de ilusión, se subió a un tren que lo llevó hasta la costa. Una vez allí, se fue directo

* Anónimo, aparece en *101 cuentos clásicos de la India: la tradición de un legado espiritual*. Madrid: Edaf.

hacia la playa y observó enmudecido el maravilloso espectáculo.

–¡Qué olas tan bellas! ¡Qué espuma tan hermosa! ¡Qué agua tan azul! –exclamó.

Se acercó hasta la orilla, tomó un poco de agua con las manos y se la llevó a los labios para saborearla. Entonces, desencantado, murmuró:

–¡Qué pena que no tenga buen sabor, con lo hermosa que es!

A veces, ponemos tanto empeño y entusiasmo en conseguir algo, que luego nos decepcionamos fácilmente si nuestras expectativas no son satisfechas. Disfrutemos de lo positivo de cada momento y de cada pequeño logro. Solo así conseguiremos ser felices.

ÍNDICE

BIBLIOGRAFÍA

Astrología

- Adler, Oscar (1981). *La Astrología como ciencia oculta*. Kier.

- Arroyo, Stephen (1991). *Manual de interpretación de la carta natal*. Urano.

- Barbault, André (1980). *Tratado práctico de astrología*. Visión Libros.

- Barbault, André (1981). *El pronóstico experimental en astrología*. Visión Libros.

- Barbault, André (1983). *Pequeño manual de astrología*. Plaza & Janés Editores.

- Rudhyar, Dane (1985). *La práctica de la astrología*. Sirio.

- Sasportas, Howard (1987). *Las doce casas*. Urano.

- Weiss, Adolfo (1973). *Astrología Racional*. Kier

Esoterismo

- Blavatsky, H. P. (1972). *La doctrina secreta*. Kier.

- Blavatsky, H. P. (1991). *Isis sin velo*. Editorial Humanitas.

- Tres iniciados (1999). *Kybalion*. Kier.

- Schucman, Helen; Thetford, William (2012). *Un curso de milagros*. Foundation for Inner Peace.

Aries

Tauro

Géminis

Cáncer

Leo

Virgo

Libra

Escorpio

Sagitario

Capricornio

Acuario

Piscis

AGRADECIMIENTOS

★ A mis ancestros, en especial a **Nicola** (Aries) y a **Natividad** (Capricornio), por enseñarme el valor del trabajo, del esfuerzo, de la constancia, la disciplina y la generosidad que hoy son los pilares de mi vida.

★ A **Ediciones Urano Argentina**, por la confianza y el apoyo brindados.

★ A **Georgina** (Libra), por su presencia y por su llamada inesperada en la que me ofreció la posibilidad de hacer uno de mis sueños realidad: la publicación de este libro.

★ Un agradecimiento especial a **Leonel** (Capricornio), por proponerme que escribiera este libro.

★ A **Orion Diseño** (Aries), por su magia en la estética de este libro.

★ A todos **mis consultantes y lectores**, con los cuales, a través de sus experiencias, me enriquecen a diario y me dan la posibilidad de ejercer mi profesión que tanto amo.

★ Al **Universo y a la Vida**.

★ A Dios, como siempre, mi eterno agradecimiento.

♈ ♉ ♊ ♋ ♌ ♍

♎ ♏ ♐ ♑ ♒ ♓